차례

day	과목	제목	페이지
day-1	국어	문단 숨은 그림을 찾아라!	4
day-2	수학	덧셈과 뺄셈 1 파닉스:모음 편	8
day-3	국어	높임말 파닉스:자음 편	12
day-4	수학	나눗셈 파닉스:자음 편	16
day-5	국어	표준어 파닉스:자음 편	20
day-6	수학	곱셈 파닉스:자음 편	24
day-7	국어	소개 글 나는, 나의, 나를	28
day-8	수학	평면도형 1 이것, 저것, 어느 것	32
day-9	국어	글 간추리기 숫자 읽기!	36
day-10	수학	각도 초스피드 퀴즈!	40
day-11	국어	사실과 의견 퀴즈로 외우는 단어!	44
day-12	수학	평면도형 2 문장으로 완성!	48
day-13	국어	이야기의 구성요소 초스피드 퀴즈!	52
day-14	수학	시간 퀴즈로 외우는 단어!	56
day-15	국어	전기문 문장으로 완성!	60

이 책의 구성!

day	과목	제목	페이지
day-16	수학	분수와 소수 1 초스피드 퀴즈!	64
day-17	국어	한글 퀴즈로 외우는 단어!	68
day-18	수학	분수와 소수 2 문장으로 완성!	72
day-19	국어	독후감 초스피드 퀴즈!	76
day-20	수학	길이 퀴즈로 외우는 단어!	80
day-21	국어	대화와 공감 문장으로 완성!	84
day-22	수학	거리 초스피드 퀴즈!	88
day-23	국어	기승전결 퀴즈로 외우는 단어!	92
day-24	수학	들이와 무게 문장으로 완성!	96
day-25	국어	기행문 초스피드 퀴즈!	100
day-26	수학	그래프 퀴즈로 외우는 단어!	104
day-27	국어	토의·토론 문장으로 완성!	108
day-28	수학	덧셈과 뺄셈 2 초스피드 퀴즈!	112
day-29	국어	육하원칙 퀴즈로 외우는 단어!	116
day-30	수학	여러 가지 계산 문장으로 완성!	120

정답 및 해설 ……… 125

 문단

1-4. 글을 읽고 문제를 풀어 보세요.

　우리 태양계에는 태양 주변을 공전하는 여덟 개의 행성이 있습니다. 행성의 크기는 전부 제각각입니다. 큰 행성은 지구보다 몇 배나 큽니다. 대표적으로는 목성이 있죠. 그런가 하면 지구보다 크기가 작은 행성도 있습니다. 대표적으로는 수성이 있죠.

　태양계에 속한 여덟 개의 행성 중에서 지구는 다섯 번째로 큽니다. 즉, 지구보다 큰 행성이 네 개 있다는 뜻입니다. 그리고 지구보다 작은 행성은 세 개 있다는 뜻이죠. 이처럼 고작 여덟 개의 행성도 크기가 제각각인데, 과연 우주 저 너머에는 얼마나 다양한 크기의 행성이 있을까요?

📎 즐거운 문제 풀이 시간!

슬기로운 방학생활!
공부한 날   .   .

1 이 글의 중심 낱말은 무엇일까요?

2 이 글의 중심 문장을 찾아 써 보세요.

3 이 글은 무엇에 대하여 쓴 걸까요?

① 행성의 모양   ② 행성의 종류

③ 행성의 개수   ④ 행성의 크기

4 중심 문장을 뒷받침하는 낱말을 모두 골라 보세요.

① 태양   ② 공전   ③ 행성

④ 지구   ⑤ 목성   ⑥ 수성

즐거운 문제 풀이 시간!

5. 글의 구조를 이해해 보세요.

집을 지었어! 멋있지? 응? 어떻게 지었냐고?

1. 먼저 집부터 세우고!
2. 집 안의 층을 위아래로 나눈 다음!
3. 각 층에 벽을 세워서 방을 나누고!
4. 방 안에 가구들을 넣었어!

그런데 말이야. 집을 짓는 건 순서만 반대일 뿐, 글을 짓는 것과 비슷하더라고!

1. 낱말을 쓴다!
2. 낱말들을 여러 문장으로 만든다!
3. 문장을 위아래로 나눠 문단을 만든다!
4. 글을 완성한다!

그렇지? 이해했다면 글, 문단, 문장, 낱말이 각각 집의 어디에 해당하는지 선으로 이어 봐!

글	문단	문장	낱말
•	•	•	•
•	•	•	•
방	층	집	가구

숨은 그림을 찾아라!

빨간 망토 대한이와 선이

숨은 그림을 찾은 다음, 그림을 마음껏 색칠해 보세요.

정답은 147쪽에 있어요!

DAY-2 덧셈과 뺄셈 1

1-6. 계산해 보세요.

1. 　１２８
　＋４２１

2. 　３４８
　＋５１２

3. 　２５６
　＋１２８

4. 　４８４
　＋３６３

5. 　７６８
　＋１８７

6. 　５３１
　＋２６９

7. 여러 가지 방법으로 덧셈하면서 빈칸을 채워보세요.

방법 1

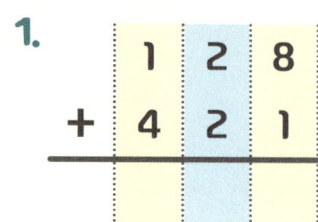

234 + 124

200과 100을 더하고
30과 20을 더하고
4와 4를 더한다.

2 3 4 + 1 2 4
300
□
350   8
□

방법 2

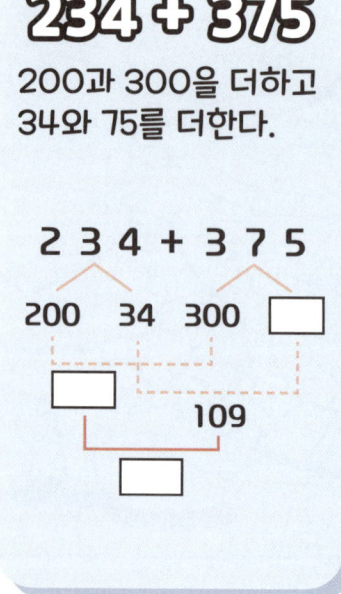

방법 3

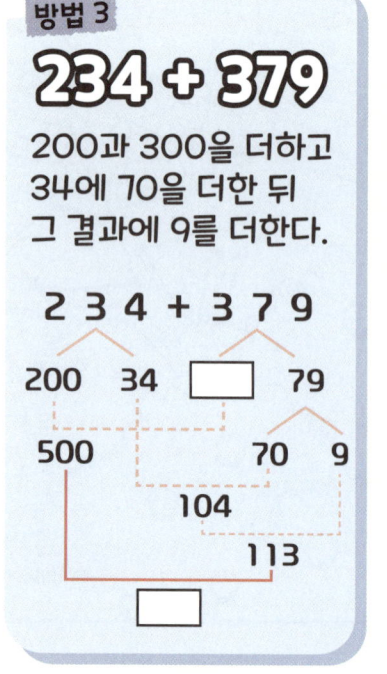

즐거운 문제 풀이 시간!

슬기로운 방학생활!
공부한 날   .   .

8-13. 계산해 보세요.

8.
```
   2 3 4
 - 1 5 6
```

9.
```
   5 1 2
 - 3 4 6
```

10.
```
   4 8 2
 - 1 9 3
```

11.
```
   9 7 5
 - 6 7 9
```

12.
```
   3 9 6
 - 2 9 9
```

13.
```
   8 4 1
 - 2 8 6
```

14. 여러 가지 방법으로 뺄셈하면서 빈칸을 채워보세요.

방법 1

642 − 531

600에서 500을 빼고
40에서 30을 빼고
2에서 1을 뺀다.

방법 2

642 − 123

600에서 100을 빼고
42에서 23을 뺀다.

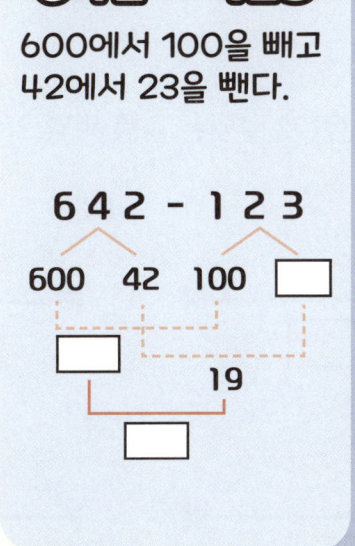

방법 3

642 − 135

600에서 100을 빼고
42에서 30을 뺀 뒤
그 결과에서 5를 뺀다.

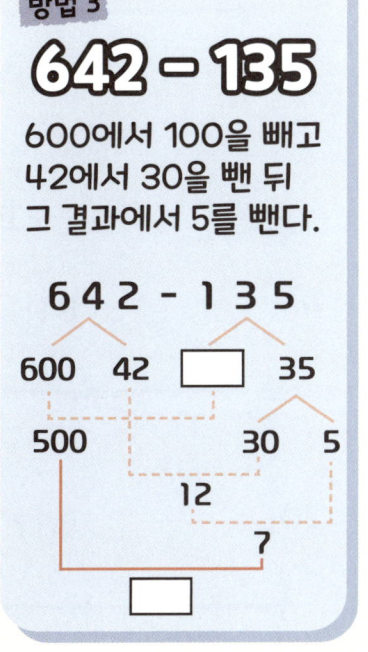

즐거운 문제 풀이 시간!

15-16. 빈칸에 알맞은 숫자를 쓰세요.

15.

```
105  +  [   ]  =  382
 +       +
[   ] + [   ]  =  860
 =       =
502     740
```

16.

```
286  +  [   ]  =  483
 +       +
[   ] + [   ]  =  959
 =       =
781     661
```

17. 4장의 숫자 카드 중 3장을 한 번씩만 사용해 세 자릿수를 만들려고 합니다. 만들 수 있는 수 중 세 번째로 큰 수와 두 번째로 작은 수의 차를 구하세요.

식 _____   답 _____

18-21. 수직선을 보고 빈칸에 알맞은 수를 써넣으세요.

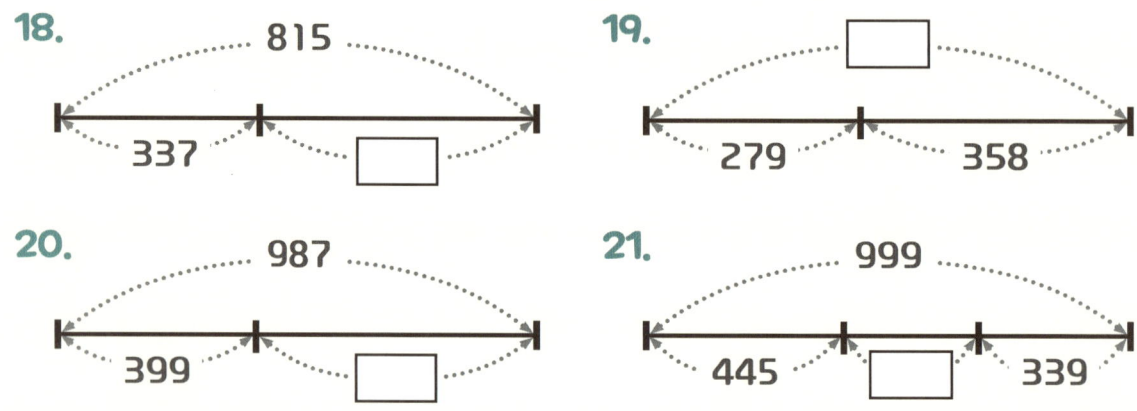

 파닉스 : 모음 편

다음 영어 단어를 듣고 알맞은 파닉스 발음을 선택하세요.

①
apple
/애/   /아/

②
c**a**r
/애/   /아/

③
b**a**ll
/아/   /어/

④
egg
/이/   /에/

⑤
eraser
1 /Ø/   /이/

⑥
tap**e**
/Ø/   /에/

⑦
sk**i**
/이/   /아이/

⑧
sp**i**der
/아이/   /이/

⑨
orange
/어/   /오우/

⑩
p**o**st
/어/   /오우/

⑪
umbrella
/유/   /어/

⑫
universe
/유/   /어/

1 'Ø'는 소리가 나지 않는 '묵음'을 뜻해요. 특히 알파벳 'e'가 단어 끝에 오는 경우 묵음인 경우가 많아요.

DAY-3 높임말

1-8. 주어진 단어의 높임말을 보기에서 찾아 써 보세요.

보기

연세   성함   분   생신   주무시다   뵙다   여쭙다   드리다

1. 사람 →
2. 만나다 →
3. 묻다 →
4. 이름 →
5. 나이 →
6. 자다 →
7. 주다 →
8. 생일 →

즐거운 문제 풀이 시간!

슬기로운 방학생활!

공부한 날   .   .

9-11. 다음 문장을 높임말로 고쳐 보세요.

9
이거 어머니가 할머니한테 주래요! →

10
선생님이 너 오시라고 했어! →

11
주문한 햄버거 나오셨습니다. →

즐거운 문제 풀이 시간!

12. 말에 등급을 매겨 주세요.

저녁 식사 시간이야!
아들 말이 아빠 말한테 저녁을 먹으라고 했어!
그런데 네 번이나 불렀는데도 대답이 없네?
아빠 말이 TV 보느라 정신이 없나?
아무튼! 아들 말이 한 말 중에서
가장 예의 바른 말부터 가장 예의 없는 말까지
등급을 매긴 다음 차례대로 써 보자!

아들 말이 한 말!

아버지, 어머니께서 밥 드시래요!
아빠, 엄마가 밥 먹으래!
아버지, 어머니가 밥 먹으래요!
아버지, 어머니께서 진지 드시래요!

1등

2등

3등

꼴등

 **파닉스 : 자음 편** (B,C,D F,G,H)

다음 영어 단어를 듣고 알맞은 파닉스 발음을 선택하세요.

①
bus
/ㅂ/ /ㄷ/

②
cat
/ㅅ/ /ㅋ/

③
city
/ㅅ/ /ㅋ/

④
dog
/ㅂ/ /ㄷ/

⑤
fire
1/ㅍf/ /ㅂ/

⑥
game
2/ㅈ/ /ㄱ/

⑦
giant
/ㅈ/ /ㄱ/

⑧
hat
/ㅎ/ /ㅍ/

💬 f가 어려워.. g는 또 뭐야..

---

1 'ㅍf'는 윗니로 아랫입술을 살며시 깨물며 공기를 내뱉는 소리입니다. 우리말에는 없는 이 공기 소리는 다음과 같이 'ㅍf'로 표기합니다.

2 자음 'G/g'의 대표발음은 'ㄱ' 입니다. 그러나 뒤에 'i/e/y'가 붙으면 'ㄱ'이 아닌 'ㅈ'으로 발음합니다.

gap 개애프 **g**um 검 ⟷ **gy**m 쥐임 a**ge** 에이쥐

DAY-4 나눗셈

1. 식을 계산하고 답을 찾아 선으로 이어 보세요.

32 ÷ 4 •　　　　• 9

27 ÷ 3 •　　　　• 6

15 ÷ 3 •　　　　• 1

12 ÷ 4 •　　　　• 8

21 ÷ 3 •　　　　• 7

6 ÷ 1 •　　　　• 2

14 ÷ 7 •　　　　• 3

8 ÷ 2 •　　　　• 4

9 ÷ 9 •　　　　• 5

즐거운 문제 풀이 시간!

슬기로운 방학생활!
공부한 날   .   .

2-3. 각 번호에 알맞은 수를 써넣어 보세요.

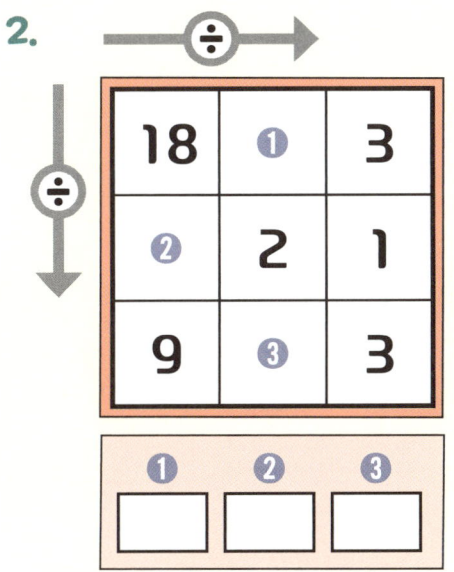

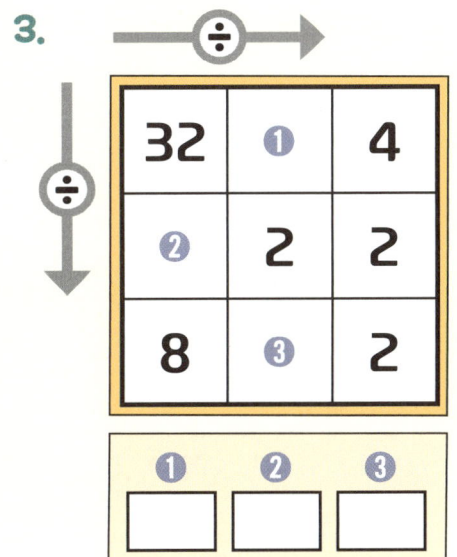

4. 경주의 첨성대는 신라 선덕여왕 때 세운 천문 기상 관측대죠.
우리 조상님들은 362개의 벽돌을 쌓아 첨성대를 만들었습니다.
첨성대에 사용된 벽돌을 만들었던 석공의 말을 완성해 볼까요?
그리고 그 말을 완성하기 위해 필요한 나눗셈식도 함께 적어 보세요.

나는 매일 **10개의 벽돌**을 만들었어.

그랬더니 벽돌을 다 만드는 데 꼬박 ___일이 걸리더군.

식 ☐ ÷ ☐ = ☐ … ☐

나머지 벽돌도 하루에 만들었을 테니까 식에서 구한 몫에 하루를 더해줄 거야!

즐거운 문제 풀이 시간!

5. 징검다리 돌에는 나눗셈식이 들어있습니다.
식을 계산했을 때 나머지가 3인 돌을 밟아야 악어로부터 무사할 수 있습니다.
나머지가 3인 돌에 동그라미를 치고 징검다리를 건너보세요.

ENGLISH 파닉스 : 자음 편 (J,K,L M,N,P)

다음 영어 단어를 듣고 알맞은 파닉스 발음을 선택하세요.

① juice /ㅈ/ /ㅅ/

② king /ㄱ/ /ㅋ/

③ lion /ㄹ/ /ㅇ/

④ music /ㅁ/ /ㄴ/

⑤ nation /ㄴ/ /ㅁ/

⑥ pencil /ㅍ/ /ㅊ/

다음 영어 발음을 듣고 알맞은 알파벳을 써보세요.

⑦ j__ump

⑧ __ews

⑨ __uck

⑩ __an

⑪ __orea

⑫ __ickle

DAY-5 표준어

1-8. 다음 단어는 비표준어입니다. 국어사전에서 찾아 표준어로 바꿔 써 보세요.

1.
2.
3.
4.
5.
6.
7.
8.

알고 가자!
모르는 단어를 보면 곧바로 사전을 검색해서 의미를 알아보는 습관을 길러 보세요.
머리 속에 차곡차곡 쌓인 단어가 반드시 여러분의 힘이 되어 줄 겁니다!

9. 주어진 단어를 국어사전에서 찾아 먼저 의미를 파악하고, 그다음 표준어와 방언(사투리)을 구분한 뒤, 표준어에 동그라미 쳐 보세요.

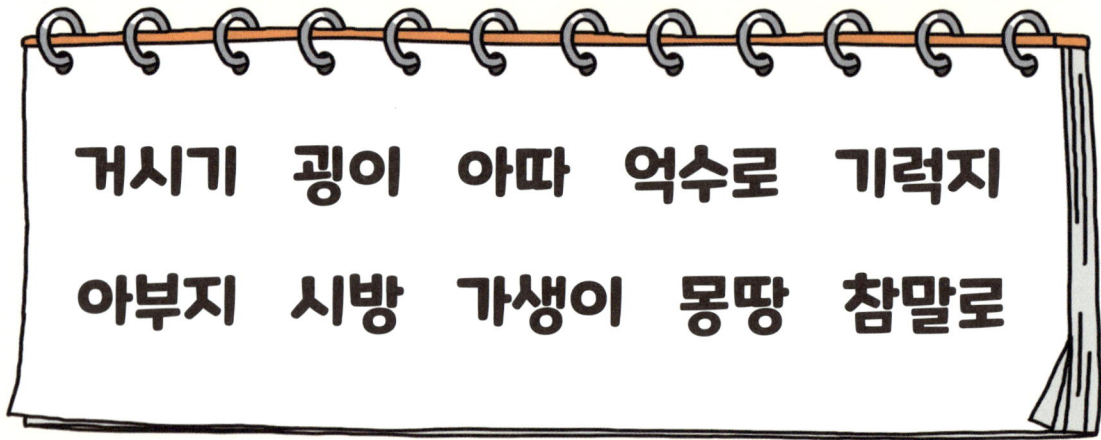

10. **이것**은 우리나라 각 지역의 방언으로는 아래와 같이 불립니다. **이것**의 표준어는 무엇일까요?

힌트: 곤충

정답 [　　　]

즐거운 문제 풀이 시간!

11-16. 신조어를 표준어로 바꿔 보세요.

신조어란 사람들 사이에서 새로 생긴 말이야! 그런데 그 신조어가 이빨을 드러내며 공격해왔어! 원래 있던 말을 자꾸 잡아먹으려고 해! 잡아 먹히지 않도록 우리가 신조어를 물리쳐 보자!

11. 댕댕이

12. 커엽다

13. 띵곡

14. 롬곡

15. 머머리

16. 고나리

 # 파닉스 : 자음 편

다음 영어 단어를 듣고 알맞은 파닉스 발음을 선택하세요.

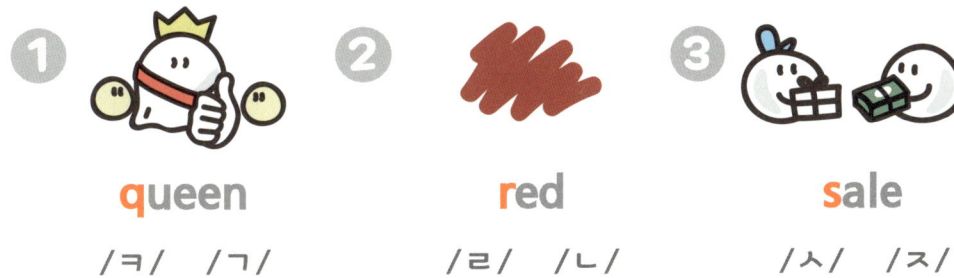

다음 영어 발음을 듣고 알맞은 알파벳을 써보세요.

DAY-6 곱셈

1-6. 계산해 보세요.

1.
```
    1 0 3
  ×     3
```

2.
```
    1 1 2
  ×     2
```

3.
```
    2 0 0
  ×     4
```

4.
```
    3 1 2
  ×     2
```

5.
```
    9 9 1
  ×     1
```

6.
```
    3 0 3
  ×     3
```

7. 성냥팔이 소녀가 한 사람에게 성냥갑을 3개씩 19명에게 팔고 나니 성냥갑이 24개 남았습니다.
성냥팔이 소녀가 가지고 있던 성냥갑은 모두 몇 개였을까요?

식 _____

답 _____

8. 문구점에서 파는 연필 한 자루의 가격은 190원입니다.
연필을 네 자루 사고 800원을 내면 얼마를 거스름돈으로 받게 될까요?

식 _____

답 _____

즐거운 문제 풀이 시간!

슬기로운 방학생활!
공부한 날   .   .

9. 식을 계산하여 값이 같은 것끼리 서로 연결해 보세요.

34 × 13 = •   • 54 × 16 =

18 × 48 = •   • 26 × 17 =

27 × 36 = •   • 16 × 60 =

32 × 30 = •   • 63 × 14 =

42 × 21 = •   • 12 × 81 =

10. 대한이는 책을 하루에 25쪽, 운찬이는 하루에 14쪽 읽습니다. 대한이와 운찬이가 14일 동안 읽은 책의 쪽수는 모두 몇 쪽입니까?

식 _____

답 _____

다독상을 받을 거야!

11. 수 카드의 규칙을 찾아 빈 카드에 알맞은 수를 넣어 보세요.

| 16 | 32 | 64 | 128 | 256 | |

📎 즐거운 문제 풀이 시간!

12. 비밀번호 아홉 자리를 맞혀 보세요.

암호는 총 아홉 자리야.
처음 숫자 세 자리는 21과 14를 곱한 값이고,
다음 숫자 세 자리는 72와 13을 곱한 값이고,
마지막 숫자 세 자리는 37과 15를 곱한 값이야.
어서 암호를 풀어볼까?

답 _____

	2	1		7	2		3	7
×	1	4	×	1	3	×	1	5

13. 이 거북이는 한 시간에 31m를 이동합니다.
같은 빠르기로 거북이가 하루 동안 이동한다면
이동한 거리는 모두 몇 m입니까?

식 _____

답 _____

하루는 24시간이야.

14. 이 사자는 1초에 2m를 이동합니다.
같은 빠르기로 사자가 1분 30초 동안 이동한다면
이동한 거리는 모두 몇 m입니까?

식 _____

답 _____

난 누구보다 빠르게 호랑이와는 다르게!

파닉스 : 자음 편 (X, Y, Z)

다음 영어 단어를 듣고 알맞은 파닉스 발음을 선택하세요.

① bo**x** /익스/ /ㅈ/

②  **x**ylitol /익스/ /ㅈ/

③  **y**ellow /이/ /아이/

④ cand**y** /이/ /아이/

⑤  sk**y** /이/ /아이/

⑥  **z**oo /우/ /ㅈ/

다음 영어 발음을 듣고 합쳐서 올바른 단어를 만들어보세요.

⑦  ta [xi / si]

⑧  [yo / eo] gurt

⑨  c [ry / ri]

⑩  [xylo / zylo] phone

⑪  [ze / je] bra

⑫ ba [by / bi]

1. 주변 사람 중 한 명을 정하고, 그 사람에 관해 떠오르는 것을 빈칸에 모두 적은 다음, 그것을 바탕으로 소개장을 써 보세요.

이름:　　　　**직업:**　　　　**성별:**

그 사람을 그려 보세요

밤톨　　당당　　멋있다

_____ 를 소개합니다.

예) 우리 반 선생님은 여자이지만 머리가 밤톨처럼 짧다. 짧은 머리가 편하다며 남들
시선 따위 신경 쓰지 않고 자르신다. 어떤가요? 당당한 우리 선생님 참 멋있죠?

슬기로운 방학생활!

공부한 날   .   .

즐거운 문제 풀이 시간!

2. 당신은 아래 보이는 자동차를 팔아야 합니다. 잘 팔릴 수 있도록 광고문을 써 보세요.

- 진짜 빨라! 시속 300km!
- 날렵하게 생겼어! 마치 박쥐처럼!
- 연예인이 타고 다니는 걸 본 적 있어!

예시

자동차의 날개를 펼쳐라!

여태껏 주차를 하고 차 문을 열 때! 옆에 서 있는 차에 상처를 낼까 봐 조심조심 문을 열었나요? 이젠 그럴 필요가 없습니다! 왜냐고요? 이 자동차는 문이 위로 열리니까요! 구매를 원하시면 언제든지 연락하세요!

010-oxox-6539

즐거운 문제 풀이 시간!

3. 글쓴이가 누군지 맞혀 보세요.

자기소개서

나는 키가 크다.
그래서 사람들이 올려다본다.

나는 부지런하다.
밤낮을 가리지 않고 일한다.

나는 명령을 잘한다.
사람들은 내가 가라고 하면 가고
멈추라고 하면 멈춘다.

그런데 나는 변덕쟁이라서 명령을 자주 바꾼다.
가라고 했다가, 멈추라고 했다가
또 가라고 했다가, 또 멈추라고 한다.

그래도 사람들은 나에게 불평하지 않는다.
왜냐하면, 내 말을 따라야 안전하니까.

지원자 이름:

 # 나는, 나의, 나를 (인칭대명사)

우리말에서 '나는', '나의', '나를'은 모두 같은 '나'를 사용하죠. 하지만 영어는 다르답니다. 어떻게 다른지 살펴볼까요?

나는 학생이다.	그것은 나의 목걸이다.	그는 나를 좋아한다.
OO는	**OO의**	**OO를**
나는 **I**	나의 **my**	나를 **me**
우리는 **we**	우리의 **our**	우리를 **us**
너는 **you**	너의 **your**	너를 **you**
너희는 **you**	너희의 **your**	너희를 **you**
그는 **he**	그의 **his**	그를 **him**
그녀는 **she**	그녀의 **her**	그녀를 **her**
그것은 **it**	그것의 **its**	그것을 **its**
그들은 **they**	그들의 **their**	그들을 **them**

여기서 잠깐 QUIZ!

OO는 (주격)과 **OO를** (목적격)이 같은 인칭대명사는 무엇일까요?

정답 ☐

평면도형 1

1-3. 빈칸을 채워 넣어 보세요.

1.    두 점을 곧게 이은 선을 _____이라고 합니다.

2. 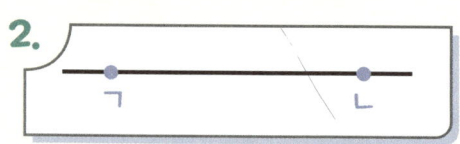   양쪽으로 끝없이 늘인 곧은 선을 _____이라고 합니다.

3.    한 점에서 한쪽으로 끝없이 늘인 곧은 선을 _____이라고 합니다.

4. 다음 중 선분을 찾아 동그라미 쳐 보세요.

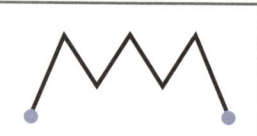 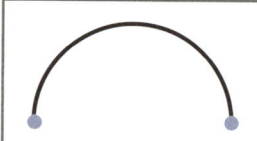  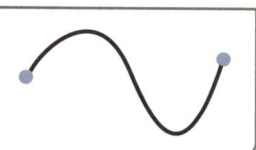

5. 문제를 잘 읽고 옳은 것에 동그라미 치세요.

①    선분 ㄱㄴ과 선분 ㄴㄱ은 서로 [같습니다 | 다릅니다].

② 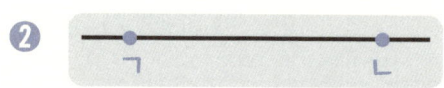   직선 ㄱㄴ과 직선 ㄴㄱ은 서로 [같습니다 | 다릅니다].

③ 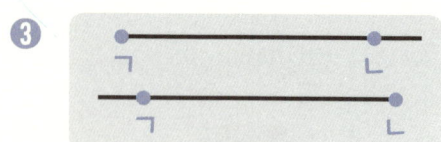   반직선 ㄱㄴ과 반직선 ㄴㄱ은 서로 [같습니다 | 다릅니다].

즐거운 문제 풀이 시간!

슬기로운 방학생활!
공부한 날   .   .

6-7. 선분 ㄴㄷ의 길이를 자로 재어 보세요.

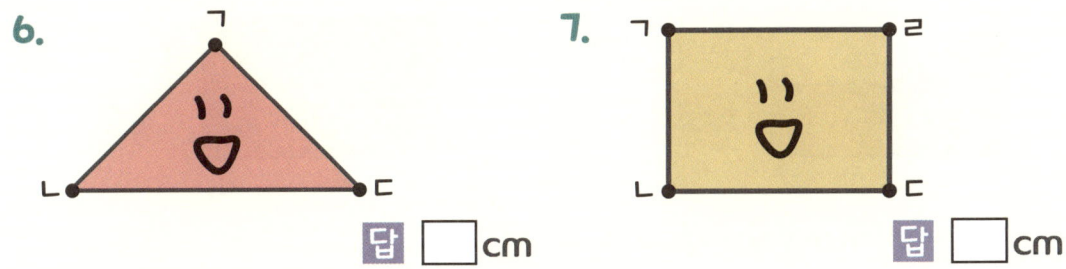

6. 답 ☐ cm

7. 답 ☐ cm

8. 빈칸을 채워 넣어 보세요.

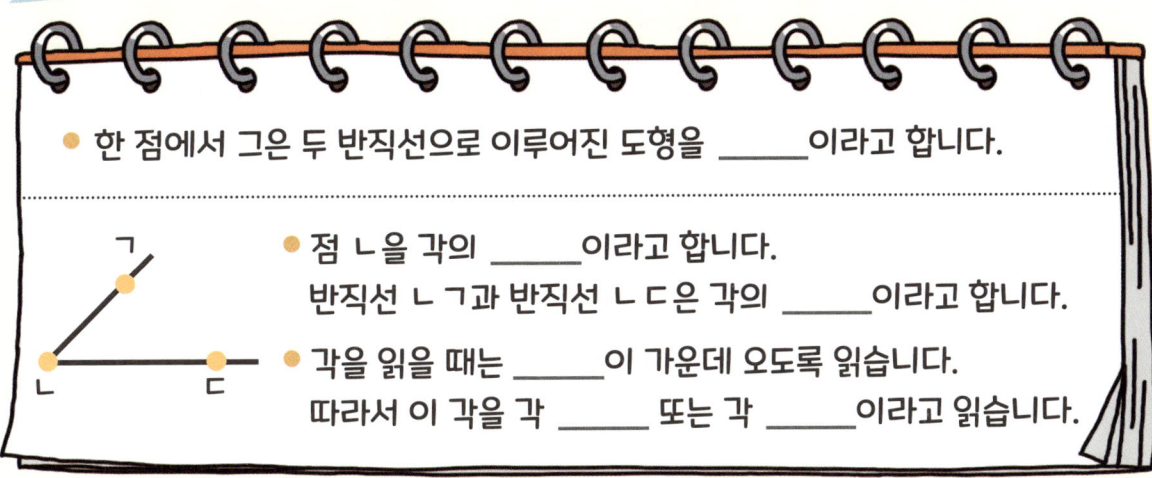

- 한 점에서 그은 두 반직선으로 이루어진 도형을 _____이라고 합니다.
- 점 ㄴ을 각의 _____이라고 합니다.
  반직선 ㄴㄱ과 반직선 ㄴㄷ은 각의 _____이라고 합니다.
- 각을 읽을 때는 _____이 가운데 오도록 읽습니다.
  따라서 이 각을 각 _____ 또는 각 _____이라고 읽습니다.

9. 각이 가장 많은 도형을 찾아 기호를 쓰세요.

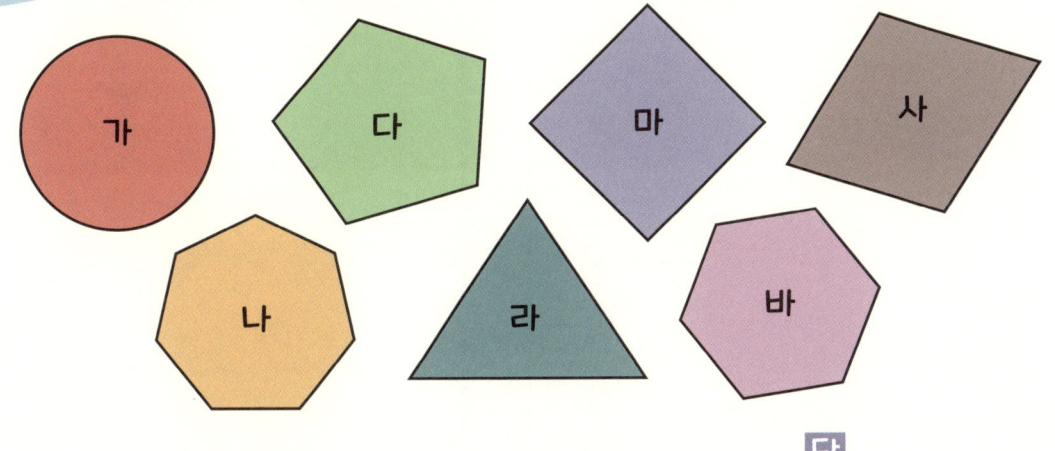

답 _____

즐거운 문제 풀이 시간!

10-11. 국기를 보고 직각삼각형의 개수를 세어보세요.

10. 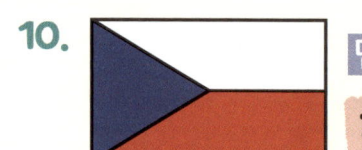 답  개
체코

11.  답  개
콩고

12-13. 칠교판 조각을 보고 물음에 답하세요.

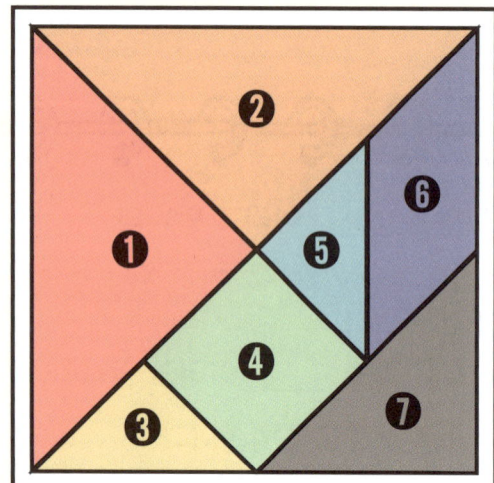

12. 칠교판에서 직각삼각형을 모두 찾고 그 번호를 적어 보세요.

답 _____

13. 칠교판에서 유일하게 직각이 없는 도형의 번호를 적어 보세요.

답 _____

14. 주어진 종이를 이용하여 직각삼각형과 직사각형을 그려보세요.

직각삼각형   직사각형

 # 이것, 저것, 어느 것  지시대명사

물건을 가리킬 때, 혹은 위치를 말할 때 우리는 '이것', '이곳(여기)'이라 말하죠. 영어로 물건과 위치를 가리키는 방법을 배워볼까요?

이것 (내 쪽에 가까운 것)

this

저것, 그것 (나에게 멀리 있는 것)

that

어느 것 (의문)

which

이곳 (내가 있는 곳)

here

저곳, 그곳 (나에게 멀리 있는 곳)

there

어느 곳 (의문)

where

여기서 잠깐 QUIZ!

항상 남의 떡이 커 보이는 법이죠. 대한이는 선이의 that이 탐나는 모양이에요. 이때 'that'은 무엇을 가리킬까요? 영어로 써보세요.

정답 ☐

DAY-9 글 간추리기

1-4. 글을 읽고 문제를 풀어 보세요.

플라스틱 섬

플라스틱은 일상생활에서 정말 많이 사용되고 있습니다. 우리의 생활을 편리하게 해 주기 때문이죠. 하지만 그와 동시에 플라스틱이 수많은 환경문제를 일으키고 있다는 사실, 알고 계시나요?

어느 날, 태평양에서 지도에 없던 섬이 발견되었습니다. 쓰레기들이 모여서 만들어낸 쓰레기 섬이었죠. 이 쓰레기 섬의 90%를 차지하는 것이 바로 플라스틱인데, 플라스틱의 비중이 이토록 큰 이유는 자연적으로 분해가 되지 않기 때문입니다. 그렇기 때문에 플라스틱은 없어지지 않고 계속해서 섬으로 모여들었습니다. 그 결과, 쓰레기 섬은 한반도보다 몇 배는 커져서 점점 처리하기 곤란한 상황이 되어가고 있습니다.

그런데 말이죠. 더욱 심각한 것은 바다생물들이 잘게 부서진 플라스틱을 먹이로 착각하고 먹어 버린다는 것입니다. 그로 인해 지금도 수많은 바다생물이 다치고, 목숨을 잃어가고 있습니다.

플라스틱이 일으키는 환경문제를 막는 법은 간단합니다. 그저 플라스틱 쓰레기를 줄이면 되는 일이니까요. 그렇다면 어떻게 해야 플라스틱 쓰레기를 줄일 수 있을까요? 방법은 단 하나뿐입니다. 플라스틱 제품을 사용하지 않는 것이죠.

카페에 갈 때 텀블러(개인용 컵)를 들고 가세요. 그리고 음료를 텀블러에 받아서 드세요. 생수를 사서 먹지 마세요. 공공시설에 있는 정수기를 이용하거나 텀블러에 담아 들고 다니세요. 집에 음식을 포장해 가서 먹지 마세요. 식당에서 드세요. 배달 음식을 시켜 먹지 마세요. 요리해 드세요. 그 밖의 미세플라스틱이 들어 있는 합성섬유 옷, 치약, 화장품 등은 사용하지 마세요.

하지 말라는 게 많아서 힘들 것 같나요? 플라스틱 없이는 도저히 살지 못할 것 같나요? 물론 힘들어지겠죠. 하지만 우리는 어떻게든 살 수 있습니다. 그러나 플라스틱 섬이 점점 더 커진다면 바다생물들은 과연 살 수 있을까요?

슬기로운 방학생활!

 즐거운 문제 풀이 시간!

공부한 날   .   .

1 이 글의 중심 내용은 무엇일까요?

① 플라스틱은 많이 사용된다.
② 플라스틱은 생활을 편리하게 해준다.
③ 플라스틱은 환경문제를 일으킨다.
④ 플라스틱은 쓰레기 섬의 90%를 차지한다.

2 중심 내용을 뒷받침하는 내용을 써 보세요.

처리하기 곤란한 ◯◯◯◯ , 플라스틱을 먹는 ◯◯◯◯

3 중심 내용을 해결하기 위해 실천해야 하는 것으로 올바른 것은?

① 카페에서 일회용 컵으로 음료를 먹는다.
② 생수를 자주 사 먹는다.
③ 식당에서 음식을 포장한 뒤 집에서 먹는다.
④ 배달음식을 먹지 않는다.

4 아래는 이 글을 간추린 문장입니다.
빈칸에 ①, ② 번 중 알맞은 단어를 넣고, 간추린 문장을 읽어봅시다.

[① 플라스틱] 은 [② 환경문제] 를 일으킨다.

◯◯◯◯ 를 막기 위해선 ◯◯◯◯ 쓰레기를 줄여야 한다.

쓰레기를 줄이는 방법은 하나다.

◯◯◯◯ 을 사용하지 말아야 한다.

37

ENGLISH A+ 숫자 읽기! 1, 2, 3

우리나라는 숫자를 읽는 방법이 다양하죠. 영어도 마찬가지랍니다.
알고 있다면 복습하고, 몰랐다면 다 같이 외워볼까요?

일, 이, 삼...

보통 숫자를 읽을 땐
"일, 이, 삼..." 이렇게 읽죠?
영어로 이렇게 숫자를 읽고 싶을 땐
다음과 같이 읽으면 됩니다.

1	2	3	4	5
one 원	two 투우	three 뜨th뤼이	four 포f어r	five 파이브v

6	7	8	9	10
six 쓰익스	seven 쎄븐v	eight 에이트	nine 나인	ten 텐

첫 번째, 두 번째, 세 번째...

순서대로 말할 때
"첫 번째, 두 번째..." 이렇게 읽죠.
영어로 순서를 말하고 싶을 땐
다음과 같이 읽으면 됩니다.

첫 번째	두 번째	세 번째	네 번째	다섯 번째
1st first 퍼f어r스트	2nd second 쎄컨드	3rd third 떠th,r드	4th fourth 포f오r뜨th	5th fifth 피f프f뜨th

여섯 번째	일곱 번째	여덟 번째	아홉 번째	열 번째
6th sixth 쓰익스뜨th	7th seventh 쎄븐v뜨th	8th eighth 에이뜨th	9th ninth 나인뜨th	10th tenth 텐뜨th

여기서 잠깐 QUIZ!

달리기 시합에서 가장 '첫 번째'로 들어온 대한이는 'first', '세 번째'로 들어온 재원이는 'third'입니다. 그렇다면 라니는 몇 번째일까요? 영어로 써보세요.

정답 ☐

DAY-10 각도

1-4. 각의 크기가 더 큰 것에 동그라미 쳐 보세요.

1.
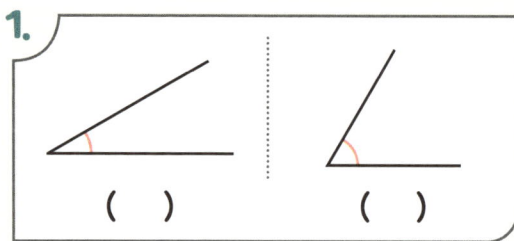
( )   ( )

2.
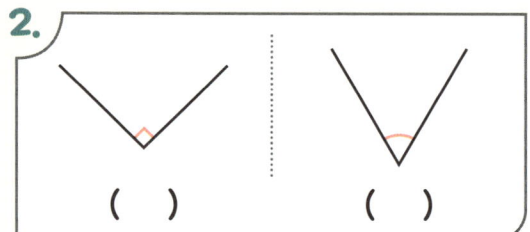
( )   ( )

3.
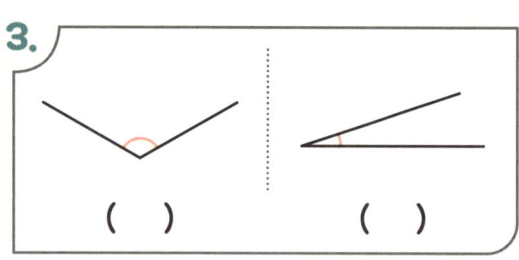
( )   ( )

4.
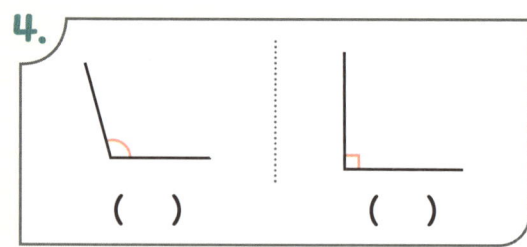
( )   ( )

5. 어떤 도형의 각이 가장 큰가요?

답 _____

6-7. 각도를 써 보세요.

6.
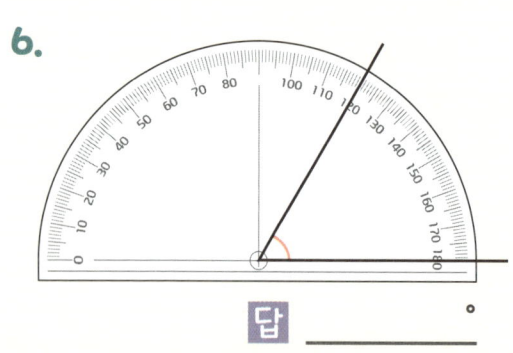
답 _____ °

7.
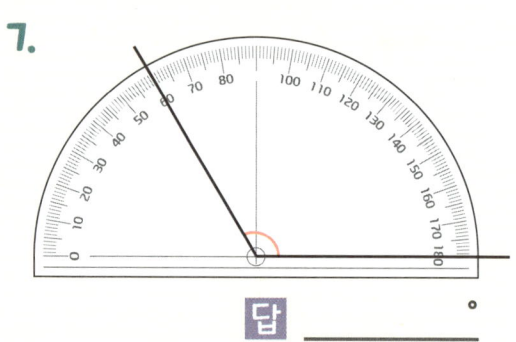
답 _____ °

즐거운 문제 풀이 시간!

슬기로운 방학생활!
공부한 날   .   .

8. 문제를 읽고, 맞는 말이면 O, 틀린 말이면 X에 체크 표시하세요.

① 삼각형 세 각의 합이 180°가 아닌 삼각형도 있다. O | X

② 삼각형에서 어느 한 각이 180°가 되는 경우도 있다. O | X

③ 평각이란 180°만을 의미한다. O | X

9. 각을 보고 올바른 분류와 연결해보세요.

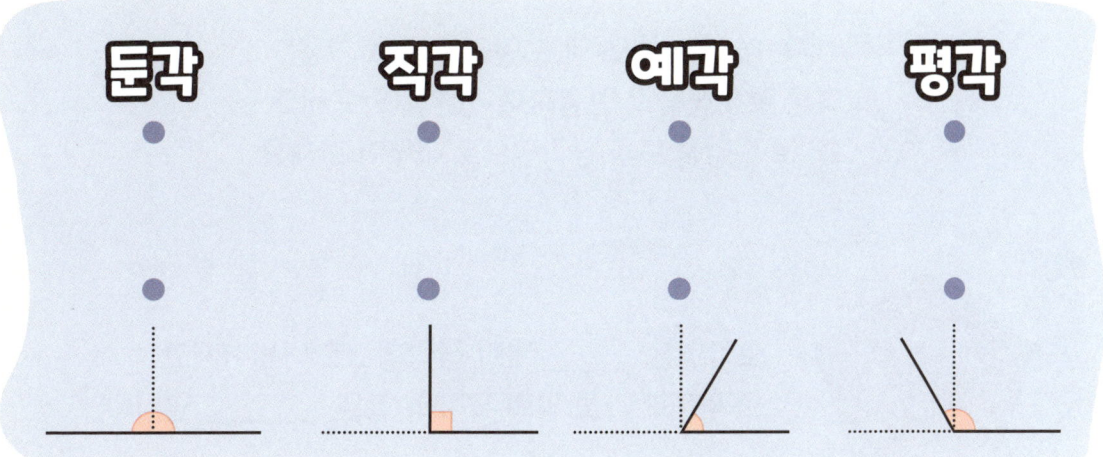

10. 주어진 시각을 시계에 나타내고, 시계의 시침과 분침이 이루는 각이 예각, 직각, 둔각 중 무엇인지 동그라미 쳐 보세요.

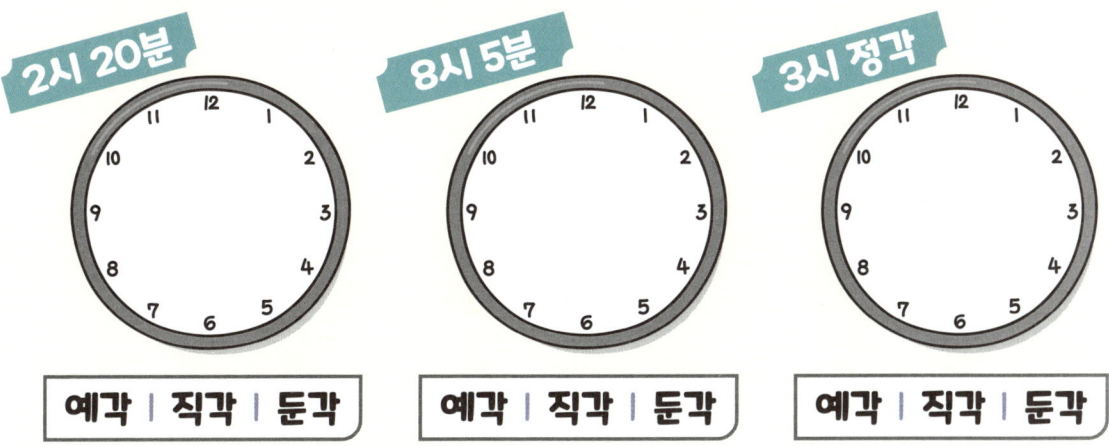

즐거운 문제 풀이 시간!

11-13. 아래의 보기를 잘 읽고 빈칸을 채워 보세요.

삼각형의 세 각의 크기의 합은 180°입니다. 사각형의 네 각의 크기의 합은 360°인데, 삼각형 두 개를 붙여 사각형을 만들어 보면 그 사실을 쉽게 이해할 수 있습니다.

자, 이제 아래의 각 도형의 꼭짓점 ㄱ을 다른 꼭짓점들과 연결하여 선분을 만드세요. 그리고 도형을 모두 삼각형으로 나누어 보세요.

11.

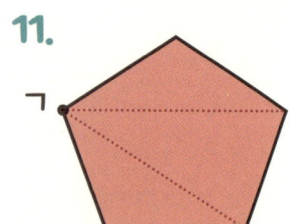

오각형은 _____개의 삼각형으로 나누어지고
오각형의 다섯 각의 크기의 합은 _____° 입니다.

12.

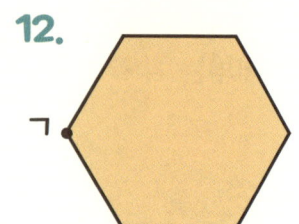

육각형은 _____개의 삼각형으로 나누어지고
육각형의 여섯 각의 크기의 합은 _____° 입니다.

13.

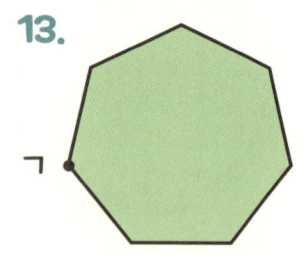

칠각형은 _____개의 삼각형으로 나누어지고
칠각형의 일곱 각의 크기의 합은 _____° 입니다.

초스피드 퀴즈!

서연이와 릴리의 이야기를 읽으며 빈칸에 알맞은 단어를 영어로 써보세요.

1

릴리, <u>들어 오다</u> 해 주세요.

새 친구가 전학을 왔어요. 선생님이 새 친구에게 "들어와 주세요"라고 할 때 무슨 단어를 썼나요? 빈칸에 맞는 단어를 찾아 O표를 해보세요.

❶ good　　❷ begin
❸ come in　❹ amazing

2

한국어.. 몰라요...
바들바들
귀엽군.
ㅋㅋㅋ

미국에서 왔다는 새 친구는 ▢를 할 줄 몰라서인지 긴장을 많이 한 것 같았어요.

한국어 ▶ ▢

3

Where are you from?
Nice to meet you.
She is American.

갑자기 서연이가 가지고 있던 목걸이에서 빛이 나면서, 서연이의 입에서 저절로 ▢가 나오기 시작했어요.

영어 ▶ ▢

4

짝짝짝

서연이가 유창한 영어로 질문을 해준 덕분에 새 친구가 긴장을 풀고 자기소개를 할 수 있게 되었어요. 반 친구들은 서연이에게 ▢를 쳐줬어요.

박수 ▶ ▢

DAY-11 사실과 의견

1. 사실과 의견을 구분한 다음 사실인 것에 동그라미를 쳐 보세요.

사실과 의견의 차이!

사실은 실제로 있었던 일이나 현재 있는 일을 말합니다. 반면에 의견은 어떤 대상이나 현상에 대하여 가지는 생각을 말합니다. 예시를 통해 살펴볼까요?
사실 나는 저녁 6시에 밥을 먹었다. ←→ **의견** 나는 저녁 6시에 밥을 먹고 싶다.

강아지는?

귀엽다.　　동물이다.　　꼬리가 있다.
　　　　　　　　착하다.
네발로 뛴다.
　　　　　　　예뻐해 줘야 한다.
　　　코로 냄새를 맡는다.
장난기가 많다.　　　　새끼를 낳는다.

슬기로운 방학생활!

즐거운 문제 풀이 시간!

공부한 날   .   .

2. 이번엔 그림을 보고, 그림에 관한 사실과 의견을 직접 써 보세요.

사실
- 예) 군인은 사람이다.

의견
- 예) 군인은 불쌍하다.

즐거운 문제 풀이 시간!

3. 이 세상에 실제로 존재하는지, 존재했었는지 분명하지 않은 것들을 따라 미로를 탈출해 보세요!

마법사	모아이	카우보이	화가	고고학자
드라큘라	신	천사	늑대인간	투명 인간
마술사	아인슈타인	파라오	공룡	용
도둑	시간 여행자	요정	외계인	악마
왕자	사이보그	투우사	어릿광대	공주
인디언	거인	난쟁이	유령	좀비

출발 → 도착

 # 퀴즈로 외우는 단어! 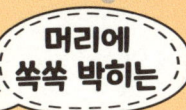 머리에 쏙쏙 박히는

1. sunny 써니
1. 구름 한 점 없이 sunny한 날씨다.
2. 날씨가 sunny 하니 산책하러 나갈까?

2. cloudy 클라우디
1. Cloudy한 날은 맑은 날보다 시원하다.
2. 하늘은 cloudy하고 이따금 소나기가 오겠습니다.

3. hot 하아트
1. 올여름 들어 오늘 날씨가 가장 hot해요.
2. 냄비가 매우 hot하니 데지 않도록 조심하세요.

4. cold 코울드
1. 옷을 너무 얇게 입어서 cold하다.
2. 모든 것이 얼어버릴 것 같은 cold한 겨울밤.

5. son 썬
1. 떡두꺼비 같은 son을 낳다.
2. 딸 하나와 son 하나가 있습니다.

6. daughter 더어터r
1. 아들 둘에 daughter 하나 있어요.
2. 우리 엄마는 할머니에게 좋은 daughter이신 것 같아.

7. brother 브라더r
1. Brother나 여자 형제 있어요?
2. 흥부와 놀부는 brother 사이다.

8. sister 쓰이스터r
1. 오빠 대신 sister가 있었으면 좋겠다.
2. 우리 언니랑 나는 sister인데도 닮은 구석이 없어.

9. love 을러브v
1. 부모의 자식에 대한 조건 없는 love.
2. 그들은 서로 love해서 부부가 되었어요.

정답!

1  **sunny** 화창한	2 **cloudy** 흐린	3  **hot** 뜨거운, 더운
4  **cold** 추운	5 **son** 아들	6  **daughter** 딸
7  **brother** 형제	8 **sister** 자매	9  **love** 사랑, 사랑하다

DAY-12 평면도형 2

1-6. 모눈종이를 이용하여 제시된 도형들을 그려 보세요.

1. ▶ 직사각형 1개
　　▶ 정사각형 1개

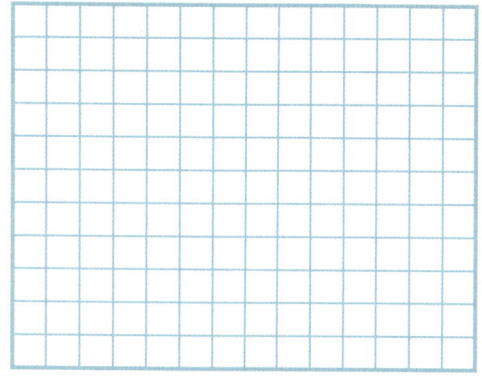

2. ▶ 예각삼각형 1개, 둔각삼각형 1개
　　▶ 직각삼각형 1개

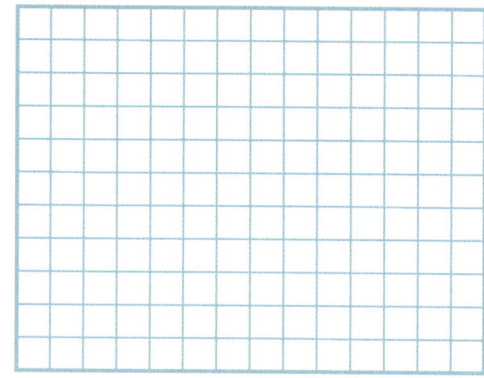

3. ▶ 직각이 아닌 이등변삼각형 1개
　　▶ 직각이등변삼각형 1개

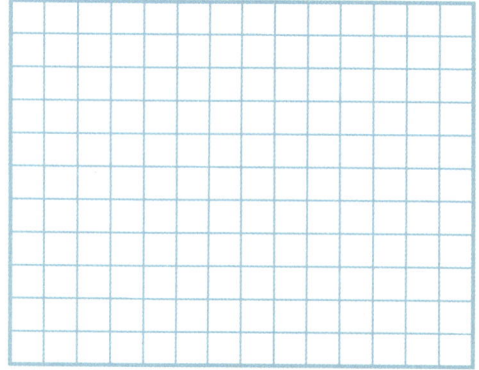

4. ▶ 두 밑각의 크기가 다른 사다리꼴 1개
　　▶ 등변사다리꼴 1개

5. ▶ 넓이가 서로 다른 평행사변형 2개

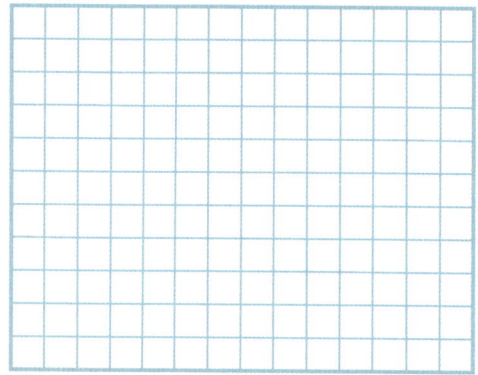

6. ▶ 넓이가 서로 다른 마름모 2개

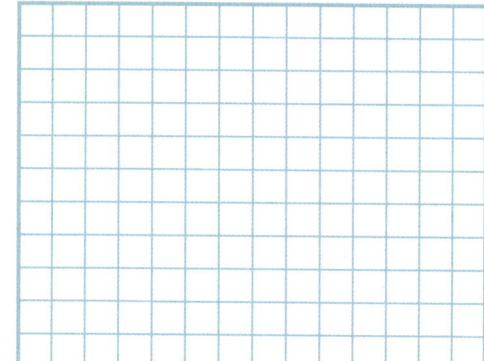

슬기로운 방학생활!

즐거운 문제 풀이 시간!

공부한 날   .   .

7. 상자 속 도형의 정체를 밝혀 보세요.

안녕 여러분! 나는 사각형이야.

나는 직각이 네 개 있고, 네 변의 길이가 모두 같아. 내가 누군지 알겠어?

답 _____

8. 이 도형에게는 이름이 많습니다. 이 도형의 이름을 모두 찾아 연결해 보세요.

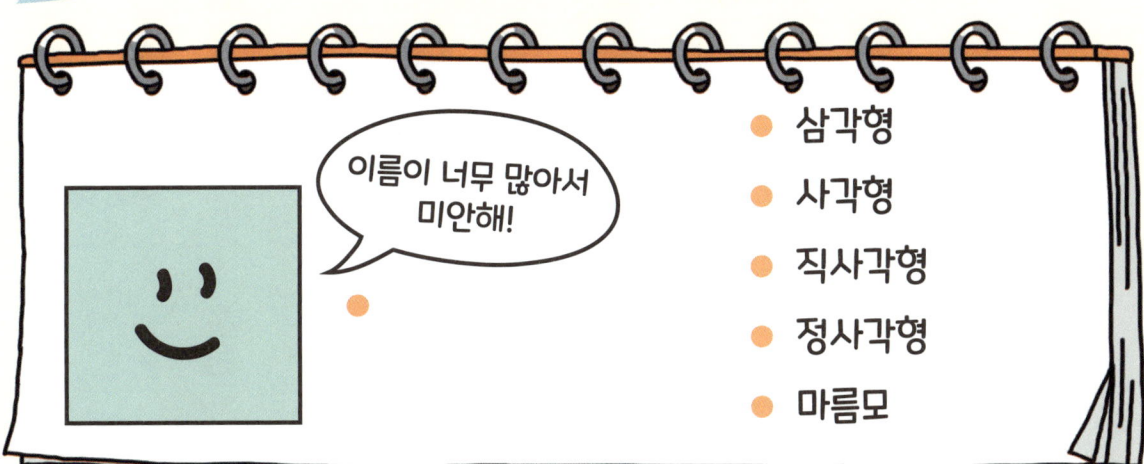

이름이 너무 많아서 미안해!

- 삼각형
- 사각형
- 직사각형
- 정사각형
- 마름모

9-11. 도형의 둘레를 구해 보세요.

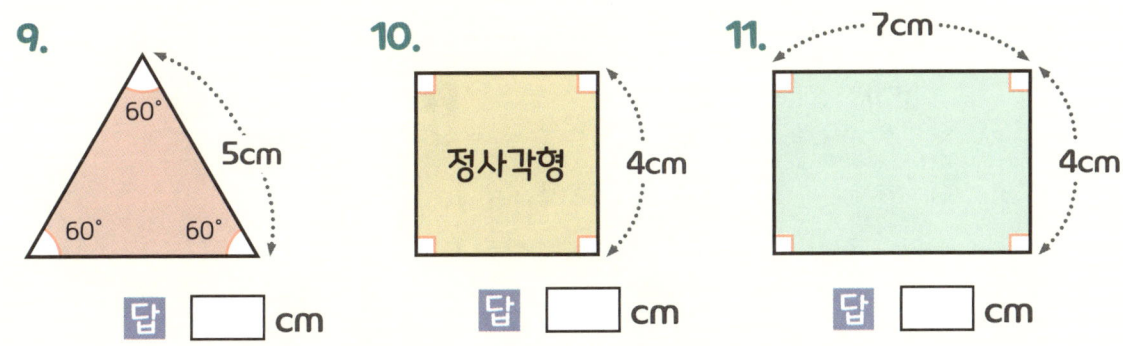

9. (정삼각형, 60°/60°/60°, 5cm) 답 ☐ cm

10. 정사각형, 4cm 답 ☐ cm

11. 7cm, 4cm 답 ☐ cm

즐거운 문제 풀이 시간!

12. 정사각형과 직사각형을 붙여 직사각형을 만들었습니다.
이 직사각형의 둘레를 구해 보세요.

식 _____

답 ☐ cm

13-15. 보기의 도형을 회전시키면 나올 수 있는 모양을 모두 골라보세요.

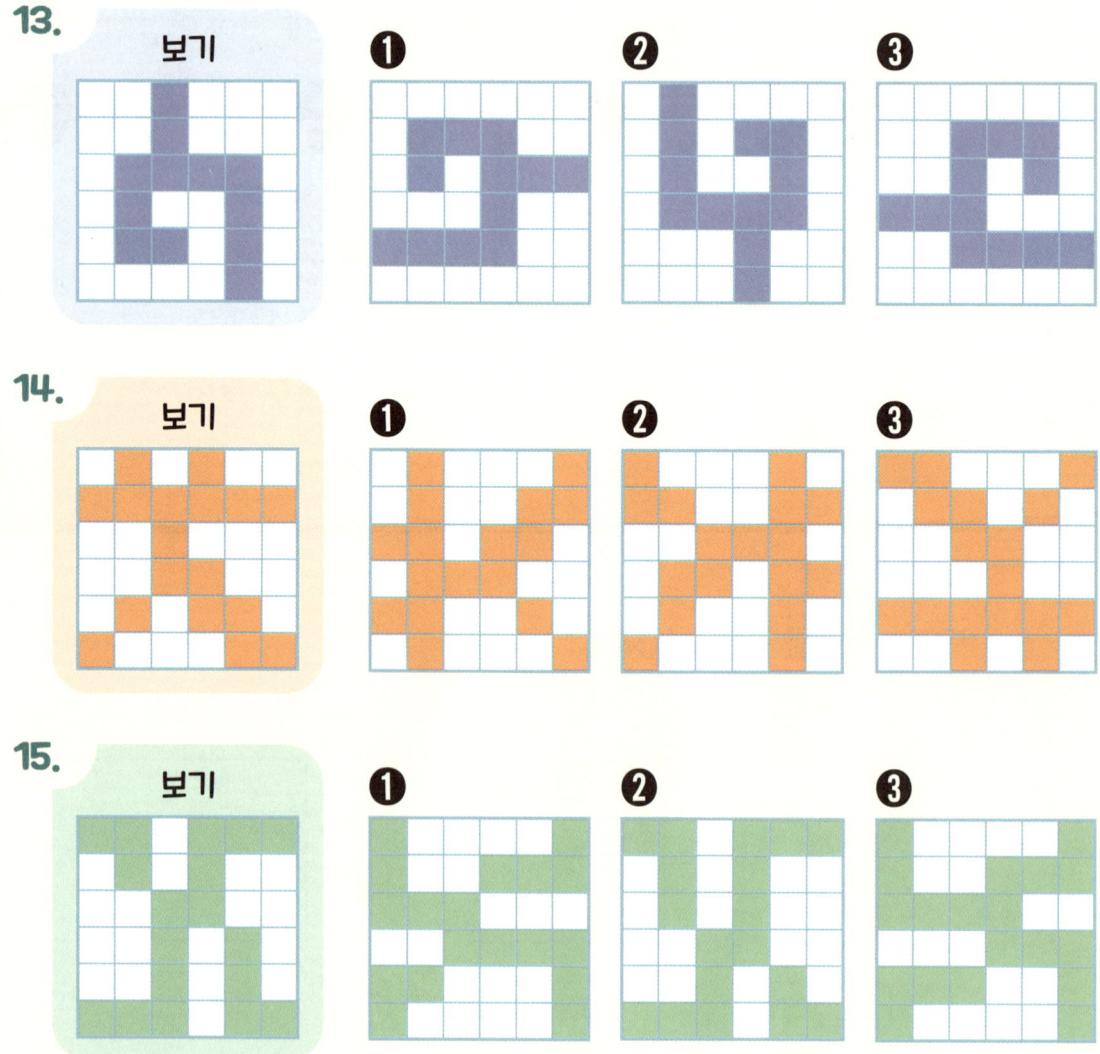

50

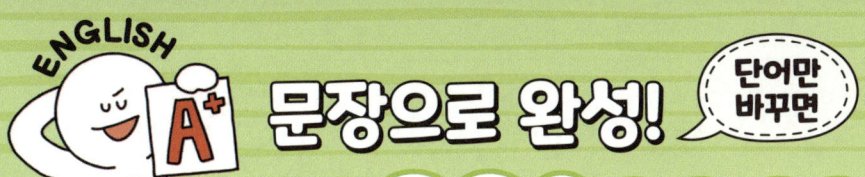

문장으로 완성!

앞서 배운 단어들을 떠올려 문장을 완성해 보세요.

Today (오늘) **is** (~이다) **sunny.** (맑다)

1. 오늘은 흐려. → Today is cloudy. 
2. 오늘은 더워. → 
3. 오늘은 추워. →

I (나) **have** (가지고 있다) **a** (하나의) **son.** (아들)

4. 나는 딸이 있어. → 
5. 나는 남자 형제가 있어. → 
6. 나는 여자 형제가 있어. →

DAY-13 이야기의 구성요소

1. 이야기의 구성요소를 써 보세요.

2. 만화를 읽고 문제를 풀어 보세요.

즐거운 문제 풀이 시간!

슬기로운 방학생활!
공부한 날   .   .

3. 대한이의 그림일기에서 그림만 따로 가져왔습니다.
그림만 보고 이야기를 파악해 보세요.

등장인물

배경

사건

📎 즐거운 문제 풀이 시간!

4. 이야기의 구성요소를 이용해서 짧은 이야기를 만들어 보세요.

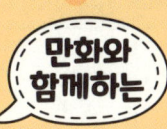

만화와 함께하는 초스피드 퀴즈!

서연이와 릴리의 이야기를 읽으며 빈칸에 알맞은 단어를 영어로 써보세요.

1

개학 날 아침, 학교에 ⬚해야 하는데 서연이는 늦잠을 자버렸네요. 지각하게 생겼어요!

가다 ▶

2

헐레벌떡 ⬚로 달려간 서연이. 교실로 가던 길에 이상하게 생긴 목걸이를 주웠어요.

학교 ▶

3

부디 선생님이 안 계시기만을 바라면서 교실에 도착했어요. 아래에서 '선생님'에 해당하는 단어를 찾아 O표 해보세요.

❶ drink ❷ teacher
❸ person ❹ moment

4

떨리는 마음으로 ⬚해 있던 문을 열었어요. 그런데 하필이면 선생님이 딱!!! 결국, 보란 듯이 지각을 해버렸어요.

닫다 ▶

55

시간

1. 같은 것끼리 선으로 이어 보세요.

- 1분 30초 •   • 175초
- 2분 55초 •   • 90초
- 3분 25초 •   • 205초

2-4. 시침과 분침과 초침을 보고 현재 시각을 쓰세요.

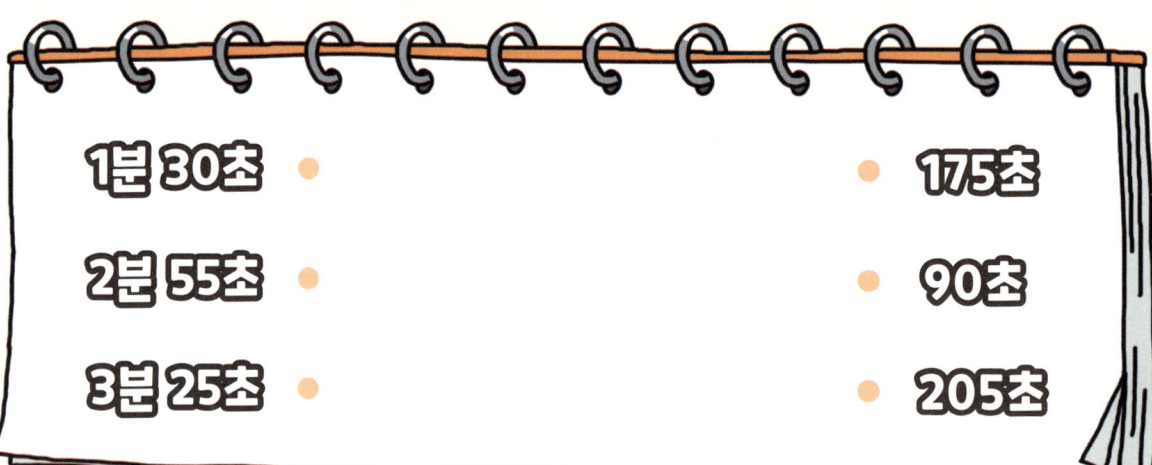

2. ___시 ___분 ___초

3. ___시 ___분 ___초

4. ___시 ___분 ___초

5. 시간이 더 긴 순서대로 알파벳을 써 보세요.

A. 38초   B. 2분 11초   C. 130초   D. 1분 18초   E. 93초

답 _____

☐ 즐거운 문제 풀이 시간!

슬기로운 방학생활!
공부한 날   .   .

6. 대한이네 반은 공원에서 열리는 글쓰기 대회에 가기 위해 버스를 탔습니다.
버스가 출발하고 글쓰기를 시작하기까지 얼마나 많은 시간이 흘렀을까요?

☐ 시 ☐ 분 ☐ 초
− ☐ 시 ☐ 분 ☐ 초
───────────────
답 ☐ 시간 ☐ 분 ☐ 초

7. 대한이네 집에 외계인이 들이닥쳤습니다.
외계인은 4시간 33분 22초를 머물다가 다시 외계로 떠났습니다.
그렇다면 외계인이 떠난 시간은 몇 시일까요?

☐ 시 ☐ 분 ☐ 초
+ ☐ 시간 ☐ 분 ☐ 초
───────────────
답 ☐ 시 ☐ 분 ☐ 초

 # 퀴즈로 외우는 단어! 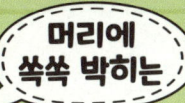 머리에 쏙쏙 박히는

1. morning 모어「닝
1. 오늘 morning에 일찍 일어났어요.
2. 우리는 매일 morning에 만나서 학교에 같이 간다.

2. afternoon 애프터「누운
1. 나른한 afternoon에는 낮잠이 최고.
2. 오전에는 바쁘니 afternoon에 할게요.

3. night 나이트
1. Night에는 달과 별이 뜬다.
2. Night에 혼자 길을 걸어 다니면 위험해.

4. midnight 미드나이트
1. 하루가 바뀌는 midnight.
2. Midnight 이후에는 택시 요금에 할증이 붙는다.

5. walk 워어크
1. 우산도 없이 비 오는 거리를 walk했어.
2. Walk해서 갈 수 있는 가까운 거리입니다.

6. run 뤈
1. 앞만 보고 힘껏 run했다.
2. 버스를 놓칠까 봐 전속력으로 run했다.

7. fly 플「라이
1. 새들처럼 하늘을 fly하고 싶어.
2. 내일 제주도로 fly할 예정이다.

8. swim 스윔
1. Swim하기엔 아직 바닷물이 차다.
2. 깊은 물에서 swim 하는 것은 위험하다.

9. stand 스태앤드
1. 버스에 자리가 날때까지는 stand해서 가야 해.
2. 온종일 stand하고 있었더니 다리가 너무 아프다.

정답!

1.  **morning** 아침	2.  **afternoon** 오후	3.  **night** 저녁, 밤
4. **midnight** 자정	5.  **walk** 걷다	6.  **run** 달리다
7. **fly** 날다, 비행하다	8.  **swim** 수영, 수영하다	9.  **stand** 서다

DAY-15 전기문

1-4. '연우'라는 사람의 전기문에 나온 내용입니다. 읽고 문제를 풀어 보세요.

2015년, 고등학생이 된 연우는 그제야 자신이 남들과는 다르다는 사실을 인정했다. 초등학생 이후로 키가 전혀 자라지 않았다. 연우의 키는 110cm에서 멈췄다. 또래 아이들과 50cm나 차이가 났다. 친구들은 연우를 난쟁이라고 놀렸고, 선생님들은 연우의 앞날을 걱정했다. 외모가 중요시 되는 사회 분위기 속에서 연우의 작은 키는 분명 크나큰 장애물이었다. 앞으로 일을 하거나, 사람을 만날 때도 마찬가지일 것이다. 나는 연우에게 울면서 말했다. "널 그렇게 낳아서 엄마가 미안해." 연우는 울었을까? 절망했을까? 나를 원망했을까? 연우는 웃었다. 그리고 나에게 이렇게 말했다. "엄마, 걱정하지 마. 미안해하지 마. 내 키는 장애물이 아니야. 오히려 디딤돌이라고!"

2018년, 연우는 성인이 되자마자 아동복 쇼핑몰 회사를 설립했다. 2019년, 1년이 채 지나기도 전에 연우의 회사는 아동복 시장에서 판매율 1위를 달성했다. 그리고 2020년, 연우의 회사는 날로 성장하여 이제는 세계 아동복 시장을 좌지우지하는 어마어마한 기업으로 성장했다. 이 모든 게 우연이었을까? 아니, 모든 건 연우가 노력을 통해 얻어낸 성과였다. 연우는 학생일 때부터 아동복에 관해 연구를 시작했다. '어떻게 하면 좀 더 아이들의 몸에 잘 맞는 옷을 만들 수 있을까?' 학교가 끝나면 아동복 매장에 수도 없이 찾아가서 입어보고, 주말이 되면 직접 옷을 만들어 입었다. 자신의 몸을 모델로 삼아 연구에 연구를 거듭했다. 친구들이 놀 때, 연우는 하루도 빠짐없이 노력했다.

2021년 어느 날, 연우에게 인터뷰가 들어왔다. 회사에 대한 질문을 받자 연우는 성실하게 대답했다. 인터뷰는 30여분간 이어졌고, 기자는 드디어 연우에게 마지막 질문을 던졌다. "성공의 비결이 뭔가요?" 연우는 웃으면서 말했다. 그 말이 아직도 내 귓가를 울린다. ◆ "자신의 단점을 장점으로 바라보는 것. 그게 제 성공의 비결입니다."

2021년 베스트 셀러 - 우리 연우 中

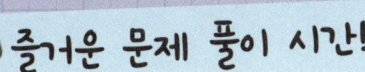

슬기로운 방학생활!

공부한 날   .   .

 즐거운 문제 풀이 시간!

1 이 글의 사회적 배경은 무엇일까요?

① **외모지상주의**
외모에 가치의 중심을 두는 사고방식, 태도

② **물질만능주의**
돈에 가치의 중심을 두는 사고방식, 태도

③ **이기주의**
자신의 이익만을 추구하는 사고방식, 태도

2 연우가 설립한 아동복 회사는 어떤 업적을 남겼나요?

2019

2020

3 연우의 가치관이 잘 나타나는 문장을 전기문 속에서 찾아 써 보세요.

---

4 여러분이 생각하는 자신의 단점을 장점으로 바꿔 보세요.
없다면 안 쓰셔도 됩니다.

 단점 →  장점

> 📎 즐거운 문제 풀이 시간!

5. 여러분이 70살 노인이 되었다고 해 봅시다. 여러분은 과연 어떤 삶을 살았나요? 사랑하는 사람을 만났나요? 꿈을 이뤘나요? 어떤 위대한 일을 해냈나요? 세계 여행을 다녀왔나요? 여러분의 10대부터 60대까지의 전기문을 써 보세요.

10대

20대

30대

40대

50대

60대

문장으로 완성!
단어만 바꾸면

앞서 배운 단어들을 떠올려 문장을 완성해 보세요.

나를 깨워라	~에	아침
Wake me up	**in the**	**morning.** ▼

1 나를 오후에 깨워 주세요. → Wake me up in the afternoon.

2 나를 밤에 깨워 주세요. →

3 나를 자정에 깨워 주세요. →

나	원하다	~하기를	걷다
I	**want**	**to**	**walk.** ▼

4 나는 뛰고 싶어. →

5 나는 날고 싶어. →

6 나는 수영하고 싶어. →

DAY-16 분수와 소수 1

1-4. 주어진 분수를 보고 모양에 알맞게 색칠해 보세요.

1. $\dfrac{3}{4}$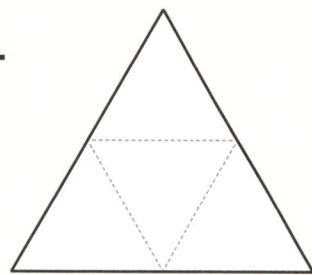

2. $\dfrac{5}{6}$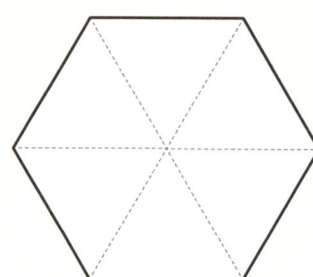

3. $\dfrac{7}{8}$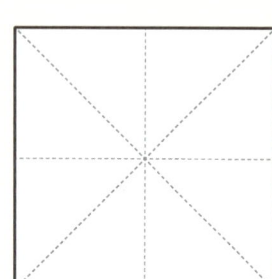

4. $\dfrac{1}{3}$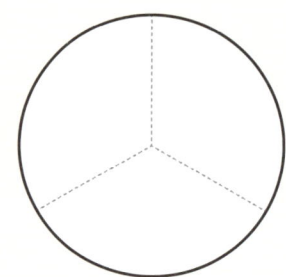

5-7. 예시를 보고 전체에 대하여 점선으로 묶인 부분을 분수로 나타내 볼까요?

예 $\dfrac{3}{5}$

5. $\dfrac{\square}{\square}$

6. $\dfrac{\square}{\square}$

7. $\dfrac{\square}{\square}$

즐거운 문제 풀이 시간!

슬기로운 방학생활!
공부한 날   .   .

8. 피자 한 판을 5조각으로 똑같이 나누었습니다. 4명이 각각 한 조각씩 먹었을 때 먹고 남은 피자는 전체의 얼마인지 분수로 나타내 보세요.

답 □/□

9-12. 도형 안에 주어진 수를 보고 알맞게 색칠한 뒤 >, =, <를 사용하여 크기를 비교해 보세요.

9. $\frac{2}{6}$ □ $\frac{5}{8}$

10. $\frac{4}{5}$ □ $\frac{5}{8}$

11. $\frac{5}{6}$ □ $\frac{7}{8}$

12. $\frac{2}{5}$ □ $\frac{1}{3}$

13. 주어진 분수를 알맞은 이름과 연결해 보세요.

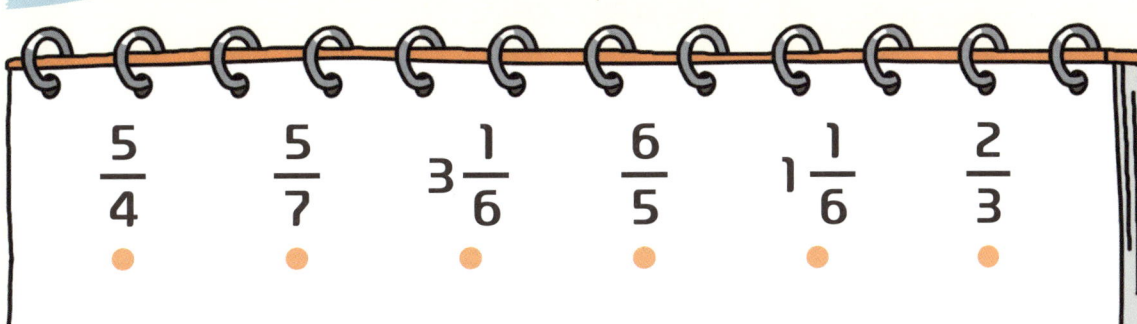

$\frac{5}{4}$ $\frac{5}{7}$ $3\frac{1}{6}$ $\frac{6}{5}$ $1\frac{1}{6}$ $\frac{2}{3}$

진분수   가분수   대분수

즐거운 문제 풀이 시간!

14-19. 두 분수의 크기를 비교하고 동그라미 안에 >, =, < 를 알맞게 넣어 보세요.

14. $1\dfrac{1}{6}$ ◯ $2\dfrac{1}{7}$

15. $\dfrac{7}{5}$ ◯ $1\dfrac{1}{5}$

16. $\dfrac{7}{6}$ ◯ $\dfrac{8}{9}$

17. $\dfrac{8}{3}$ ◯ $2\dfrac{2}{3}$

18. $2\dfrac{1}{6}$ ◯ $2\dfrac{1}{3}$

19. $\dfrac{8}{9}$ ◯ $\dfrac{5}{4}$

20-21. 그림을 보고 빈칸을 알맞게 채워 보세요.

20. 쿠키 12개를 3개씩 묶으면 _____묶음이 됩니다.

21. 쿠키 3개는 쿠키 전체의 $\dfrac{\square}{\square}$ 만큼입니다.

22-23. 그림을 보고 빈칸을 알맞게 채워 보세요.

22. 푸딩 15개의 $\dfrac{1}{5}$ 은 _____개입니다.

23. 푸딩 15개의 $\dfrac{4}{5}$ 는 _____개입니다.

ENGLISH A+ 초스피드 퀴즈!

만화와 함께하는

서연이와 릴리의 이야기를 읽으며 빈칸에 알맞은 단어를 영어로 써보세요.

1

늦잠을 자서 급하게 나오느라 필통을 깜빡했어요. 그래서 가장 친한 ☐인 수아에게 연필을 빌렸어요.

친구 ▶ ☐

2

서연이는 수아에게 아침에 주운 목걸이 이야기를 해줬어요. 아래에서 '목걸이'에 해당하는 단어를 찾아 O표 해보세요.

❶ stuff   ❷ day
❸ necklace   ❹ triangle

3

꺼내서 보여주면 선생님께 빼앗길까 봐 어떤 목걸이인지 수아에게 말로 설명해줬어요. 핸드폰보다는 훨씬 ☐하다고 말해줬죠.

가볍다 ▶ ☐

4

수아와 속닥거리던 서연이는 결국 선생님께 걸리고 말았어요. 선생님은 서연이에게 교과서를 ☐해 보라고 시키셨어요. 이때까지만 해도 정말 창피한 하루라고 생각했죠.

읽다 ▶ ☐

한글

1. 한글은 세종 대왕이 창제한 우리나라 고유 문자의 이름입니다. 하지만 원래는 다른 이름이었다고 해요. 한글의 원래 이름은 무엇일까요?

┌──────────┐
│   │ -----> 한글
└──────────┘

2. 세종 대왕이 한글을 만든 이유를 모두 골라 보세요.

① 글을 읽지 못하는 백성들을 위해서
② 우리나라 고유 문자의 필요성을 느껴서
③ 심심해서

3. 한글의 모음자(ㅏ, ㅓ, ㅗ, ㅜ...)는 기본 문자(ㆍ, ㅣ, ㅡ)를 먼저 만든 뒤에 하나씩 합쳐서 만들었다고 해요. 그리고 기본 문자 세 개는 어떤 것들을 본떠 만들었다고 하는데요. 과연 무엇일까요? 보기에 주어진 자음과 모음을 합쳐서 맞혀 보세요.

알고 가자!

한글의 자음자는 발음 기관(입술, 혀, 목구멍...)의 모양을 본떠 만들었어요. 실제로 소리를 내보면서 말이죠. 한글이 독창적이고 과학적인 문자라고 불리는 이유랍니다!

즐거운 문제 풀이 시간!

슬기로운 방학생활!
공부한 날   .   .

4-9. 잘못 조합된 자음과 모음을 다시 조합해 알맞은 단어로 고쳐주세요.

예시

어굽기 → 으ㅂㅣㅓ → 거북이

4. 마랍

힌트: 선풍기

5. 윌셔

힌트: 자물쇠

6. 라릭로

힌트: 원숭이 친척

7. 맨성신

힌트: 학교

8. 홀키털베

힌트: 비행기 친구

9. 기날망례

힌트: 계란

즐거운 문제 풀이 시간!

10. 외래어를 찾아 모두 동그라미 쳐 보세요.

알고 가자!
외래어란 외국에서 들어온 말이란 뜻입니다.

어렵지? 외래어는 한 줄에 세 개씩 있어.

구두   나르샤   고구마   시소

피망   냄비   미르   가방

빵   고무   망토   멜빵

댐   깡통   헹가래   비닐

아니~!?!? 이 중에 외국에서 들어온 말이 있다고!?!?

 # 퀴즈로 외우는 단어!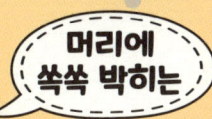

머리에 쏙쏙 박히는

1. student 스튜우든트
1. 선생님 말씀을 잘 듣는 **student**.
2. 저는 대학에서 공부하는 **student**입니다.

2. smart 스마아ʳ트
1. 너의 미래를 위해 **smart**한 결정을 한 거야.
2. **Smart**한 옷차림 덕분에 좋은 첫인상을 남겼다.

3. stupid 스튜우피드
1. 벌집을 건드린 건 정말 **stupid**한 실수였어.
2. 지나간 일에 집착하는 것은 정말 **stupid**한 짓이다.

4. kind 카인드
1. 모두에게 **kind**한 사장님.
2. 그 직원은 모든 손님에게 **kind**해.

5. rude 루우드
1. 그의 **rude**한 태도가 거슬린다.
2. 제 행동이 **rude**했다면 사과드립니다.

6. long 을로옹
1. **Long**한 머리카락을 짧게 잘랐다.
2. 날이 선선해져서 **long**한 소매의 옷을 꺼내 입었다.

7. short 쇼오ʳ트
1. 긴 머리보다 **short**한 머리가 더 잘 어울린다.
2. **Short**한 여행이었지만 추억을 많이 만들었다.

8. close 클로우즈
1. **Close**한 거리는 걸어가요.
2. 학교가 집에서 **close**해서 등교하는 데 5분밖에 안 걸려.

9. far 파ʳ아ʳ
1. 비행기로 20시간이나 걸리는 **far**한 거리.
2. **Far**한 곳에서 들려오는 희미한 기차 소리.

정답!

1  **student** 학생	2  **smart** 똑똑한, 영리한 맵시있는	3 **stupid** 어리석은, 바보
4  **kind** 친절한	5  **rude** 무례한	6  **long** 긴
7  **short** 짧은	8  **close** 가까운	9 **far** 멀리 있는

DAY-18 분수와 소수 2

1-4. 색칠한 부분을 소수로 나타내 보세요.

1. 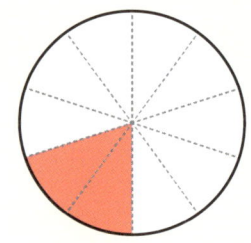 답 _____

2. 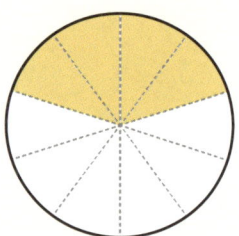 답 _____

3. 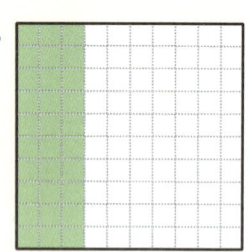 답 _____

4. 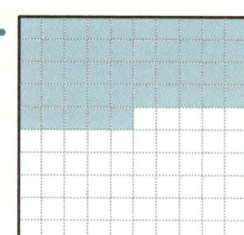 답 _____

5. 분모가 10인 분수와 소수와의 관계를 알아봅니다. 빈칸을 모두 채워보세요.

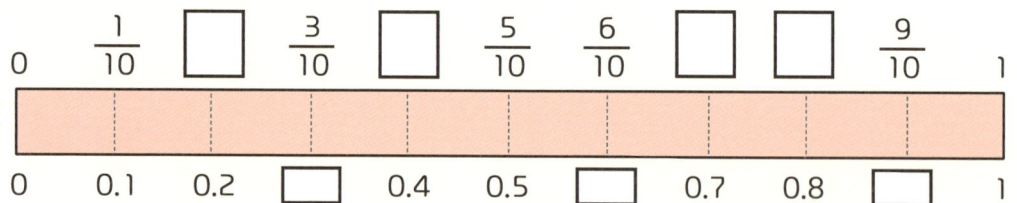

6. 주어진 분수를 소수로 고쳐봅시다.

$\dfrac{3}{10}$ = 0.☐ $\dfrac{7}{10}$ = 0.☐ $\dfrac{9}{10}$ = 0.☐

$\dfrac{35}{100}$ = 0.☐ $\dfrac{47}{100}$ = 0.☐ $\dfrac{83}{100}$ = 0.☐

즐거운 문제 풀이 시간!

슬기로운 방학생활!
공부한 날   .   .

7. 같은 것끼리 선으로 이어 보세요.

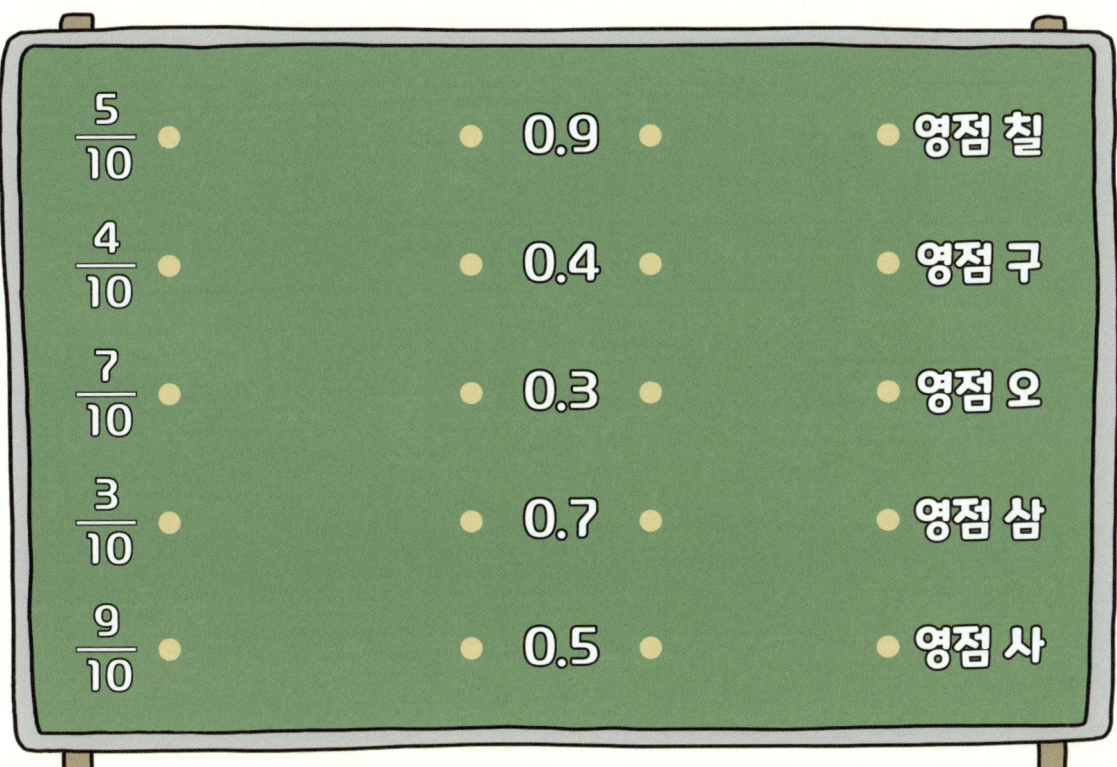

8-9. 다음의 소수를 읽고 한글로 적어 보세요.

8. 0.25

답 _____

9. 3.518

답 _____

10. 빈칸에 알맞은 수를 써넣어 보세요.

❶ 0.01이 34개인 수는 _____ 입니다.

❷ 0.584는 0.001이 _____ 개인 수 입니다.

❸ 1이 2개, 0.1이 3개, 0.01이 9개인 수는 _____ 입니다.

즐거운 문제 풀이 시간!

11-14. 도형 안에 주어진 수를 보고 알맞게 색칠한 뒤 >, =, <를 사용하여 크기를 비교해 보세요.

11. 0.8 ☐ $\frac{9}{10}$

12. $\frac{1}{5}$ ☐ 0.3

13. 0.3 ☐ $\frac{1}{2}$

14. $\frac{3}{5}$ ☐ 0.5

15-16. 수직선을 보고 빈칸에 알맞은 수를 써넣으세요.

15. 0.2 + ☐ = ☐

16. 0.3 + ☐ = ☐

 # 문장으로 완성!  단어만 바꾸면

앞서 배운 단어들을 떠올려 문장을 완성해 보세요.

그녀 / ~이다 / 똑똑한

She is smart.

1. 그녀는 어리석다. → She is stupid.

2. 그녀는 친절하다. →

3. 그녀는 무례하다. →

그것은 ~이다 / 너무 / 길다

It's too long.

4. 그건 너무 짧아. →

5. 그건 너무 가까워. →

6. 그건 너무 멀어. →

1-5. 성냥팔이 소녀에 대한 독후감입니다. 읽고 문제를 풀어 보세요.

「성냥팔이 소녀」를 읽고

1 성냥팔이 소녀는 추운 겨울에 맨발로 거리를 떠돌다가 쓸쓸하게 죽었다.

2 나는 이 책을 처음 읽고 나서 소녀의 아버지한테 화가 났다. 돈을 벌어 오라며 어린 소녀를 내보냈기 때문이다. 그리고 성냥을 팔지 못하면 혼도 냈다. 소녀는 아버지가 두려워서 밖에서 얼어 죽고 말았던 것이다.

3 하지만 책을 한 번 더 읽어보니 작가의 생각을 깨달았다. 성냥 한 갑 사주지도 않고, 추위와 배고픔에 떠는 소녀를 본체만체 무시하는 사람들을 발견했기 때문이다.

4 정말 성냥팔이 소녀의 아버지만 나쁜 사람이었을까? 나도 가끔은 남들의 일에 소름 끼칠 만큼 무관심할 때가 있다. 나 역시 어딘가에서 성냥팔이 소녀를 못 본 척 지나친 나쁜 사람이 아니었을까?

5 소녀는 할머니와 함께 행복한 하늘나라로 갔지만, 추위와 배고픔은 아직도 우리 곁에 있다. 나는 소녀처럼 불쌍한 사람을 마주치면 도움을 줄 수 있는 사람이 되고 싶다.

슬기로운 방학생활!

 즐거운 문제 풀이 시간!

공부한 날   .   .

1 성냥팔이 소녀의 줄거리로 가장 알맞은 문장을 찾아 써 보세요.

----

2 성냥팔이 소녀 이야기를 만든 작가의 이름은 안데르센입니다.
안데르센은 이야기를 통해 어떤 주제를 표현하려고 했을까요?

① 쓸쓸함   ② 두려움   ③ 무관심   ④ 불쌍함

3 그렇다면 안데르센은 주제를 표현하기 위해 어떤 단어를 소재로
사용했을까요? 모두 골라 보세요.

① 성냥   ② 맨발   ③ 겨울   ④ 배고픔

4 독후감을 쓴 사람의 느낀 점이 드러나지 않은 문단을 골라 보세요.

1   2   3   4   5

5 성냥팔이 소녀를 실제로 만난다면, 과연 우리는 어떤 도움을 줄 수 있을까요?

즐거운 문제 풀이 시간!

6. 이번엔 여러분이 직접 책을 읽고 독후감을 짧게 써 보세요. 꼭 문장으로 쓸 필요 없습니다. 단어로만 써도 되고, 그림을 그려도 돼요. 하고 싶은 대로 하세요. 왜냐하면, 사실 독후감 쓰는 법에는 정답이 없거든요.

독후감을 쓸 때 가장 중요한 점은?

~~줄거리, 등장인물, 배경, 사건, 작가의 생각, 주제, 소재~~

감상 : 내 생각, 내가 느낀 것

책 제목:

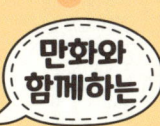

초스피드 퀴즈!
만화와 함께하는

서연이와 릴리의 이야기를 읽으며 빈칸에 알맞은 단어를 영어로 써보세요.

1

서연이는 선생님의 부탁으로, 릴리를 ☐ 주기로 했어요. 목걸이 덕분에 자유롭게 대화를 할 수가 있었으니까요.

도와주다 ▶ ☐

2

밖에 괴롭히다 당하고 있는 애가 있대!

서연이는 우연히 밖에 괴롭힘을 당하고 있는 친구가 있단 걸 알게 됐어요. 빈칸에 알맞은 단어를 찾아 ○표 해보세요.

❶ bully　　❷ translate
❸ request　❹ crush on

3

준비물

운동장으로 달려간 서연이는 친구를 괴롭히는 남자아이와 달리기 시합을 하기로 했어요. 그 아이가 달리기 시합에서 ☐ 하면 다시는 다른 친구들을 괴롭히지 않기로 했죠.

지다 ▶ ☐

4

그 아이는 여자가 남자를 달리기로 어떻게 이기냐고 했지만, 달리기 시합에서 져본 적이 없는 서연이는 오늘도 보란 듯이 ☐ 했어요!

이기다 ▶ ☐

DAY-20 길이

1-2. 사물의 길이를 잰 뒤 쓰고 읽어 보세요.

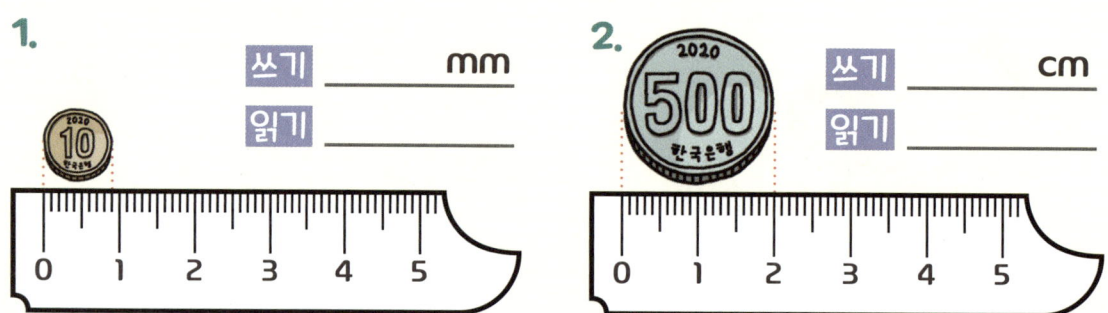

1. 쓰기 _____ mm   읽기 _____
2. 쓰기 _____ cm   읽기 _____

TIP 수학 문제를 풀 때 단위가 나오면 주의하세요.
특히 주관식 문제에 답을 쓰면서 단위를 같이 쓰지 않으면 틀린 답이 됩니다.

3-4. 사물의 길이를 재고 빈칸을 채워보세요.

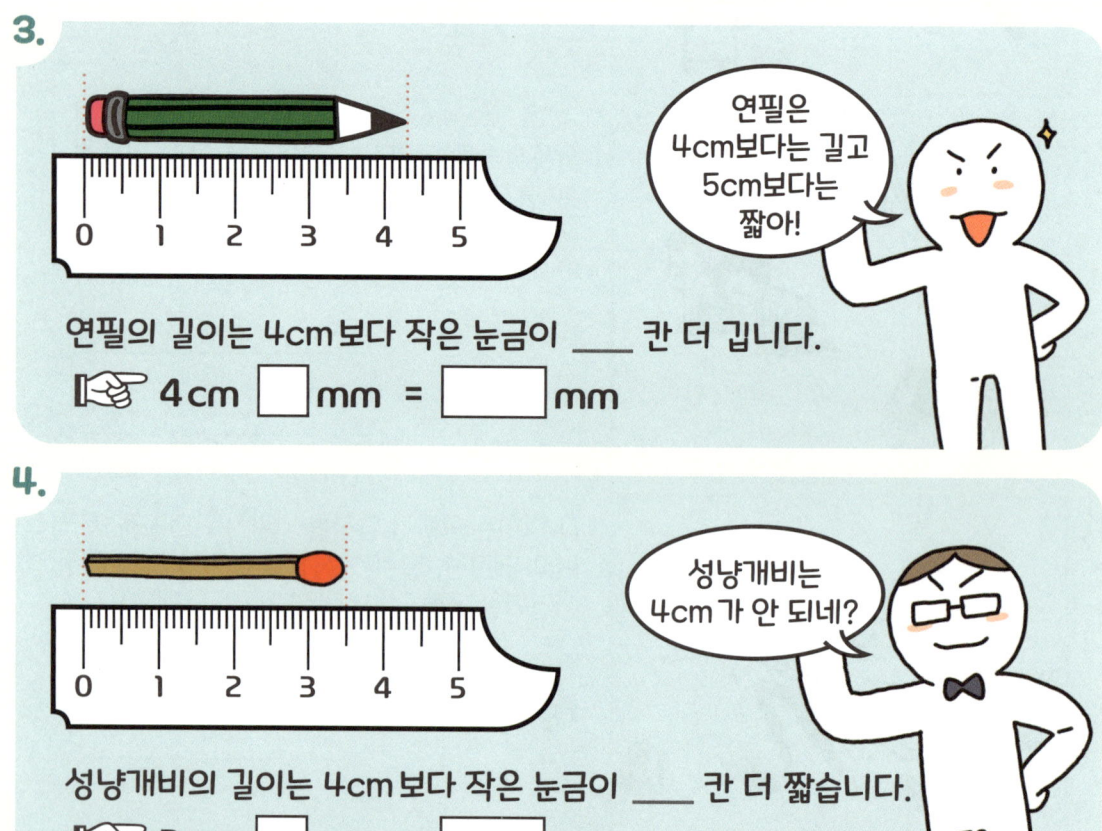

3. 연필은 4cm보다는 길고 5cm보다는 짧아!

연필의 길이는 4cm보다 작은 눈금이 ___ 칸 더 깁니다.
👉 4 cm ☐ mm = ☐ mm

4. 성냥개비는 4cm가 안 되네?

성냥개비의 길이는 4cm보다 작은 눈금이 ___ 칸 더 짧습니다.
👉 3 cm ☐ mm = ☐ mm

즐거운 문제 풀이 시간!

슬기로운 방학생활!
공부한 날   .   .

5-7. 수직선을 보고 빈칸에 알맞은 수를 써넣으세요.

5.

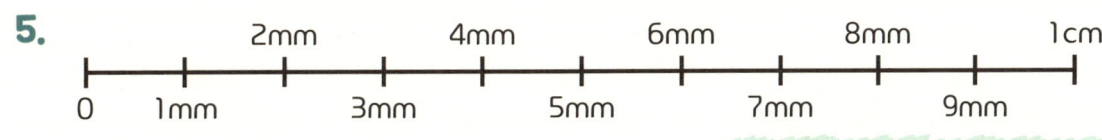

1cm = [ ] mm

6.

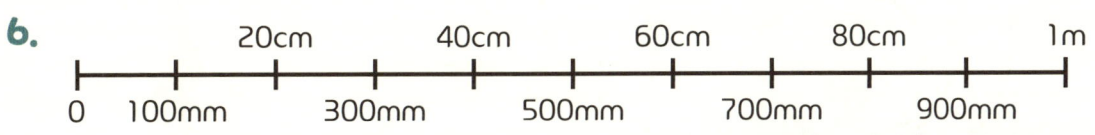

1m = [ ] cm

7.

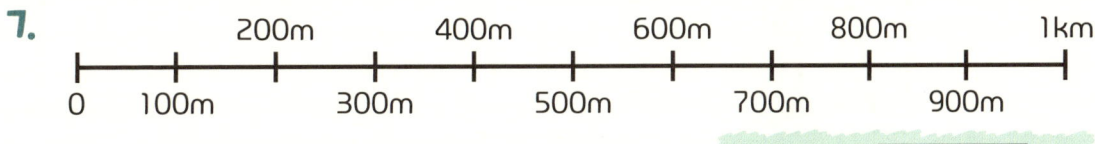

1km = [ ] m

8-13. 주어진 길이끼리 비교하고 더 긴 것에 빨간색으로 색칠해 보세요.

8.

| 34mm | 3cm |

9.

| 5cm 1mm | 52mm |

10.

| 420mm | 45cm |

11.

| 6cm 5mm | 5cm 9mm |

12.

| 32mm | 3m 2cm |

13.

| 999mm | 1m |

81

즐거운 문제 풀이 시간!

14. 모두의 키를 알아맞혀 보세요.

쉽게 생각하세요! 아이들이 키를 잴 때는 소수점(.)을 찍지 않았거든요.

 **퀴즈로 외우는 단어!**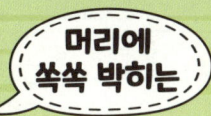

머리에 쏙쏙 박히는

1. open 오우픈
1. **Open**한 문 틈새로 바람이 들어온다.
2. 밤 9시까지 **open**한 식당은 여기뿐이야.

2. close 클로우즈
1. 뚜껑을 잘 **close**해라.
2. 추우니 문 좀 **close**해 줘.

3. see 씨이
1. 네 눈으로 직접 **see**했어?
2. 너무 바빠서 여자친구 얼굴 **see**하기도 힘들어요.

4. taste 테이스트
1. 나는 매운 **taste**를 좋아하지 않아.
2. 나는 이 물에서 레몬 맛을 **taste**했다.

5. hear 히어
1. 방금 발소리를 **hear**했어.
2. **Hear**하기 싫은 소리가 났다.

6. dangerous 데인줘뤄쓰
1. 불장난은 너무 **dangerous**하다.
2. 공사장 주변은 **dangerous**하니 돌아가자.

7. safe 쎄이프
1. **Safe**한 곳으로 대피하세요.
2. 이곳은 차가 없어 아이들이 놀기에 **safe**해요.

8. correct 커뤡트
1. 틀린 글자를 **correct**하다.
2. 그 손목시계, **correct**한 거 확실해?

9. wrong 뤄엉
1. 정답과 **wrong**한 답.
2. 실수로 **wrong**한 번호로 전화를 걸었다.

정답!

1  **open** 열린, 열다	2  **close** 닫힌, 닫다	3  **see** 보다
4  **taste** 맛, 맛보다	5  **hear** 듣다, 들리다	6  **dangerous** 위험한
7 **safe** 안전한	8 **correct** 수정하다, 맞는	9  **wrong** 틀린, 잘못된

DAY-21 대화와 공감

1-3. 다음 문제를 읽고 풀어 보세요.

1 대화를 할 때 알맞은 태도는 무엇일까요?

① 마주 보고 상대방의 얘기를 잘 듣는다.
② 누운 채로 상대방의 얘기를 흘려듣는다.

2 알맞은 대답을 골라 보세요.

햇볕이 따뜻해서 너무 기분 좋다. 안 그래, 선아?

① 별로. 그건 오빠 생각이고.
② 그러게. 날씨도 좋은데 어디 놀러 갈래?
③ 그럼 햇볕이 따뜻하지 쌀쌀하냐?

3 친구가 울고 있습니다. 어떤 표정을 지어야 친구에게 위로가 될까요?

 ① 난감한 표정
 ② 화난 표정
 ③ 걱정스러운 표정
 ④ 귀찮은 표정
 ⑤ 웃는 표정
 ⑥ 비웃는 표정

즐거운 문제 풀이 시간!

슬기로운 방학생활!
공부한 날   .   .

4. 친구와의 대화문을 보고 알맞은 대답과 이모티콘에 동그라미 쳐 보세요.

즐거운 문제 풀이 시간!

5-6. 몸으로 무슨 대화를 나눴는지 맞혀 보세요.

대화는 마주 대하여 이야기를 주고받는 거야.
그리고 우리는 이야기를 주고받을 때 말이나 글로 표현하지?
그런데 이야기를 주고받는 것. 즉, 대화란 게 꼭 언어로만 가능한 걸까?
아니! 우리는 몸으로도 대화할 수 있어!
마침 아래 있는 사람들이 몸으로 대화하고 있네?
뭐라고 말하고 있는지 함께 알아볼까?

5 남자는 뭐라고 했을까?

6 여자는 뭐라고 했을까?

문장으로 완성!

앞서 배운 단어들을 떠올려 문장을 완성해 보세요.

나 / 할 수 있다 / 열다 / 그것

I can open it.

1. 나는 닫을 수 있어. → I can close it.
2. 나는 볼 수 있어. →
3. 나는 들을 수 있어. →

그것은 ~이다 / (부정) / 맞는

It's not correct.

4. 그것은 틀리지 않아. →
5. 그것은 위험하지 않아. →
6. 그것은 안전하지 않아. →

DAY-22 거리

1. 아픈 동생을 병원에 데려가려고 합니다.
표지판이 있는 위치에서
가장 가까운 병원은 어디인가요?

답 _____

2. 대한이는 학교를 마치고 집에 잠깐 들렀다가 야구장에 가려고 합니다.
학교에서 집을 지나 야구장까지 가는 거리는 총 얼마입니까?

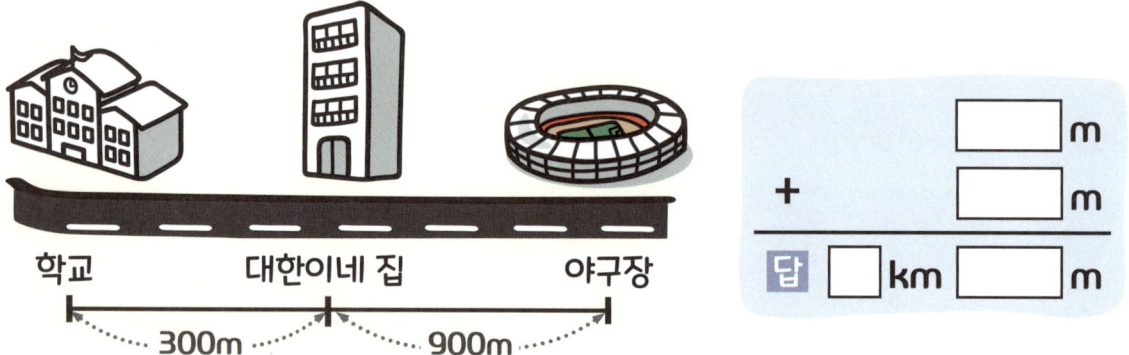

		m
+		m
답	☐ km	☐ m

3. 구급차는 소방서에서 환자가 있는 곳까지 출동한 뒤
환자를 태우고 병원으로 갑니다. 소방서에서 환자가 있는 곳을 지나
병원까지 가는 거리는 총 얼마입니까?

	☐ km	☐ m
+	☐ km	☐ m
답	☐ km	☐ m

즐거운 문제 풀이 시간!

슬기로운 방학생활!
공부한 날   .   .

4. 문제를 잘 읽고 옳은 것에 동그라미 치세요.

① 아빠 운동화의 길이는 약 280 [mm | cm | m | km] 입니다.

② 학교 운동장 한 바퀴의 거리는 대략 400 [mm | cm | m | km] 정도야.

③ 서울에서 부산까지의 거리는 300 [mm | cm | m | km] 가 넘습니다.

5. 야영장에서 폭포를 지나 산 정상에 오른 뒤에 곧바로 야영장으로 돌아왔습니다. 이동한 거리는 총 얼마입니까?

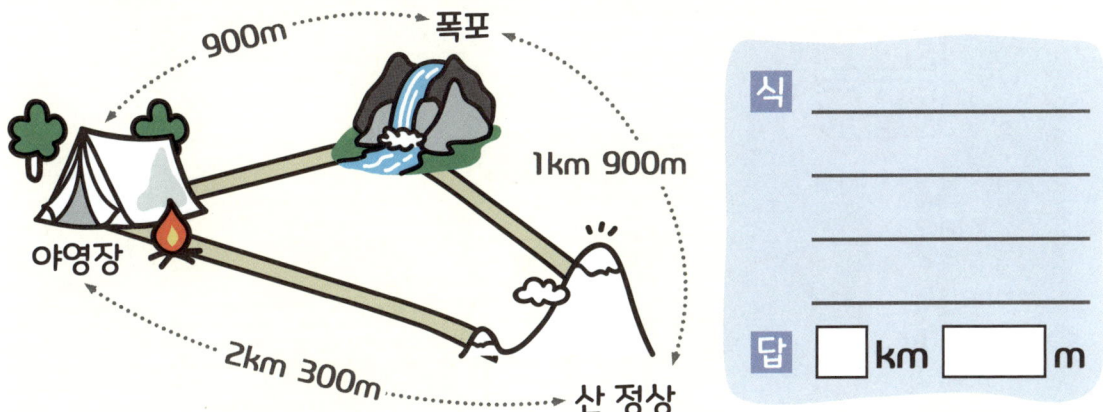

식 _____

답 ☐ km ☐ m

6. 호텔에서 절까지의 거리는 얼마입니까?

식 _____

답 ☐ km ☐ m

즐거운 문제 풀이 시간!

7. 아래의 글을 잘 읽고 보물이 있는 상자에 동그라미 쳐 보세요.

고대의 은 갑옷을 둘로 쪼개 두 개의 보물상자에 넣어뒀어. 보물이 있는 상자는 모두 대한이가 있는 곳에서 7km 700m 떨어진 곳에만 있어. 잘 찾아봐.

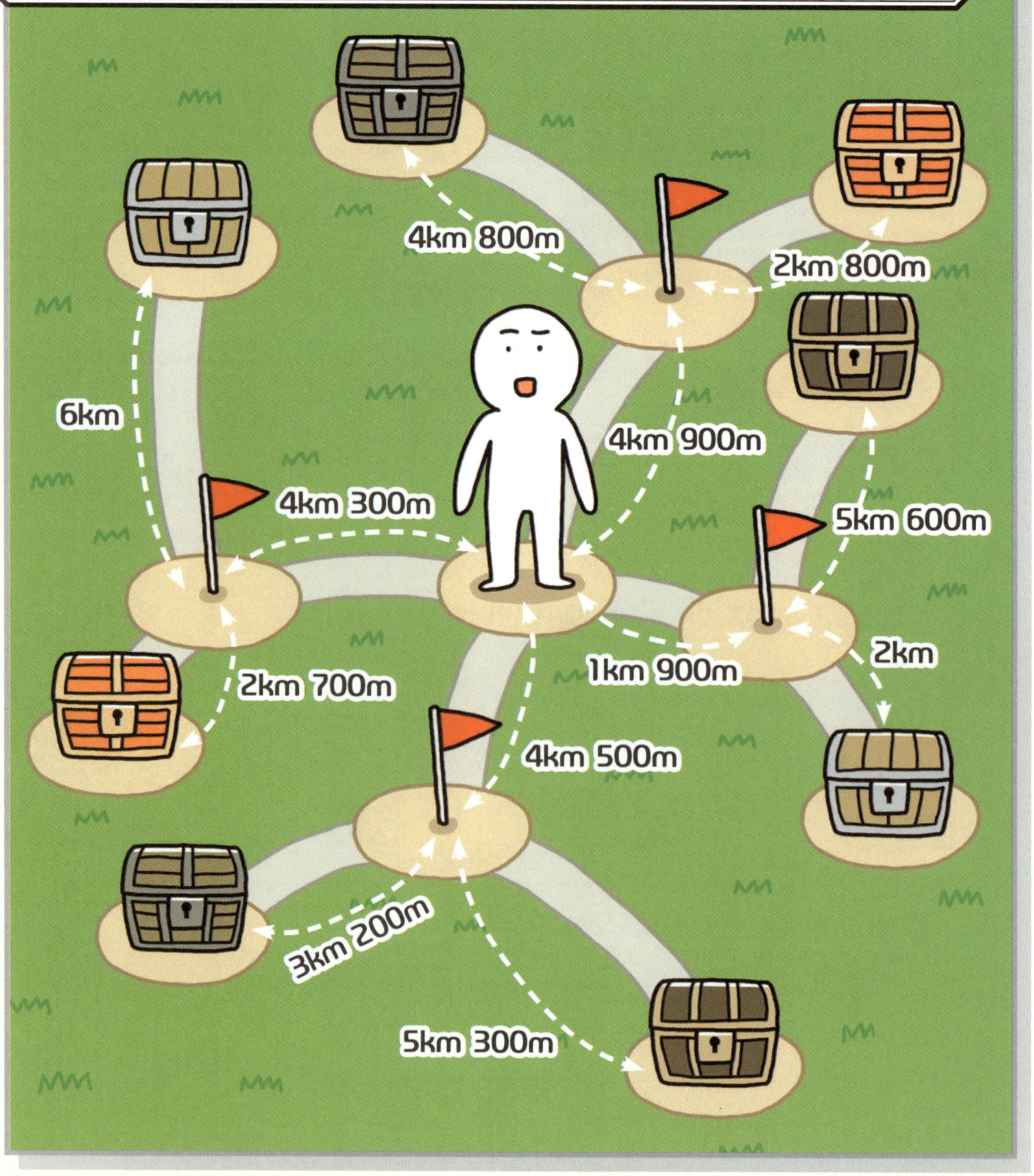

초스피드 퀴즈!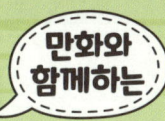

서연이와 릴리의 이야기를 읽으며 빈칸에 알맞은 단어를 영어로 써보세요.

1

학교가 끝나고 집에 갈 시간. 릴리네 집은 학교와 ☐한 곳에 있다고 해요. 서연이는 릴리에게 같이 걸어가자고 했어요.

가깝다 ▶ ☐

2

그러다 교실 밖에서 무언가를 찾는 과학 선생님을 보게 되었어요. 선생님이 발명한 목걸이를 잃어버리신 모양이에요. 아래에서 알맞은 단어를 찾아 O표 해보세요.

❶ finish   ❷ actually
❸ drop   ❹ inventor

3

과학 선생님이 찾는 목걸이는 서연이가 주운 바로 그 목걸이인 것 같았어요. 당황한 서연이는 ☐하듯 학교를 빠져 나왔어요.

도망치다 ▶ ☐

4

그리고 릴리에게 ☐하게 된 사실을 솔직하게 이야기하고, 비밀로 해달라고 부탁했어요. 선생님께 목걸이를 돌려드리고 싶지 않았으니까요.

알다 ▶ ☐

DAY-23 기승전결

기승전결이란 이야기의 진행 방식을 말합니다.
아래에 있는 그림으로 쉽게 이해해 볼까요?

모든 이야기에는 위와 같은 기승전결이 있습니다. 왜냐하면 기승전결을 갖춰야 더욱 짜임새 있고 흥미로운 이야기를 만들 수 있거든요. 아래의 이야기로 예를 들어볼까요?

즐거운 문제 풀이 시간!

슬기로운 방학생활!
공부한 날   .   .

1. 아래의 컷 만화를 보고, A~D를 기-승-전-결 순으로 나열해 보세요.

 # 퀴즈로 외우는 단어!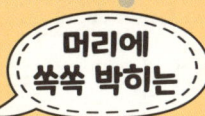
머리에 쏙쏙 박히는

1 hobby 하아비
1. 나의 hobby 는 음악 감상입니다.
2. Hobby 삼아 하던 일이 직업이 되었다.

2 music 뮤우지크
1. 라디오에서 흘러나오는 music.
2. 신나는 music 을 들으면 스트레스가 해소된다.

3 dancing 대앤씽
1. 라틴 dancing 을 배우러 다닌다.
2. 칭찬은 고래도 dancing 하게 한다.

4 movie 무우비ᵛ
1. 다음 달에 개봉하는 movie.
2. 집 근처 극장으로 자주 movie 를 보러 간다.

5 reading 뤼이딩
1. 가을은 reading 의 계절.
2. Reading 은 마음의 양식이다.

6 river 뤼버ᵛ·ʳ
1. 낙동 river 에서 수영해도 되나요?
2. 그는 흐르는 river 를 따라 여행한다.

7 sea 씨이
1. 파도가 일렁이는 푸른 sea.
2. 커다란 고기잡이배가 먼 sea 로 나갔습니다.

8 mountain 마운튼
1. 가파른 mountain 을 오른다.
2. 사공이 많으면 배가 mountain 으로 간다.

9 forest 포ᶠ어뤠스트
1. 잠자는 forest 속의 공주.
2. 불이 나서 forest 의 나무들이 많이 타버렸어.

정답!

1  **hobby** 취미	2  **music** 음악	3  **dancing** 춤
4  **movie** 영화	5 **reading** 독서	6  **river** 강
7  **sea** 바다	8  **mountain** 산	9  **forest** 숲

DAY-24 들이와 무게

1. 문제를 잘 읽고 옳은 것에 동그라미 치세요.

① 생수 한 병은 보통 2 [mL | L | g | kg] 입니다.

② 음료수 한 캔은 대략 200 [mL | L | g | kg] 정도 됩니다.

③ 마늘 한 쪽의 무게는 대략 5~6 [mL | L | g | kg] 입니다.

④ 사람의 몸무게를 [mL | L | g | kg] 으로 표시합니다.

2-3. 수직선을 보고 빈칸에 알맞은 수를 써넣으세요.

2.

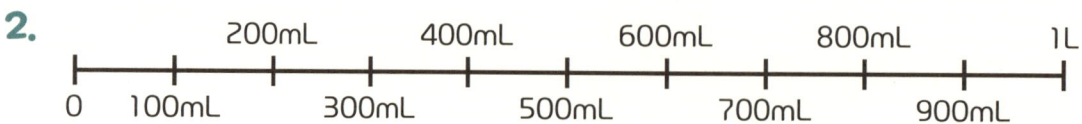

1L = ☐ mL

3.

1kg = ☐ g

4-5. 저울의 눈금을 잘 읽고 빈칸을 채워 보세요.

4. 사과 1개의 무게 : ____ kg

5. 토마토 1개의 무게 : ____ g

즐거운 문제 풀이 시간!

슬기로운 방학생활!
공부한 날   .   .

6-9. 빈칸에 알맞은 숫자를 적어 보세요.

6.
1.2L
= ☐ mL

7.
1,500mL
= ☐ L ☐ mL
= ☐ L

8.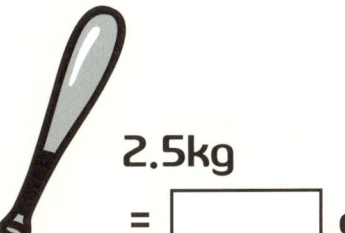
2.5kg
= ☐ g

9.
8,400g
= ☐ kg ☐ g
= ☐ kg

10. 인터넷에서 비법 소스를 만드는 방법을 검색했습니다.
아래 방법대로 소스를 만들면 총 몇 mL의 소스를 만들게 될까요?

비법 소스 만드는 법
주어진 재료를 모두 섞으면 비법 소스 완성!

주스 200mL    물 300mL    케첩 700mL    마요네즈 900mL

식 _____   답 _____

즐거운 문제 풀이 시간!

11. 선이는 건강을 위해 하루 8잔의 물을 마십니다.
물 한 잔이 200mL라고 할 때,
선이는 하루에 총 몇 L 몇 mL의 물을 마시고 있을까요?

식 _____

답 _____

12. 대한, 선, 운찬, 재원 중 가장 무거운 사람은 누구일까요?

답 _____

13. 두 사람만 탈 수 있는 놀이기구가 있습니다. 놀이기구에 타려면
놀이기구에 탑승할 두 사람의 무게의 합이 60kg보다 작아야 합니다.
대한, 재원, 라니, 연희 중 함께 놀이기구에 탈 수 없는 두 사람은 누구일까요?

 대한 27kg    재원 29kg

 라니 32kg    연희 25kg

답 _____

 **문장으로 완성!**

앞서 배운 단어들을 떠올려 문장을 완성해 보세요.

- {현재 긍정} — 너 — 좋아하다 — 음악
- **Do** **you** **like** **music?**

1. 너는 춤을 좋아해? → Do you like dancing?

2. 너는 영화를 좋아해? →

3. 너는 독서를 좋아해? →

- 우리 가자 — 보다 — 그 — 강
- **Let's go** **see** **the** **river.**

4. 우리 바다 보러 가자.

5. 우리 산 보러 가자.

6. 우리 숲 보러 가자.

DAY-25 기행문

1-3. 경주에 수학여행을 간 대한이의 기행문입니다. 읽고 문제를 풀어 보세요.

나의 경주 여행기

　오늘은 수학여행을 가는 날이었다. 일주일 전부터 날씨가 맑기를 기도했는데 다행히도 햇볕이 쨍쨍했다. 우리는 학교에서 버스를 타고 출발했는데, 경주까지 5시간이나 걸린다는 사실을 뒤늦게 깨달았다! 그래도 버스 안에서 애들이랑 카드 게임도 하고, 휴게소에서 따끈한 알감자도 사 먹었더니 시간이 금방 흘러갔다.
　①우리는 경주에 도착하자마자 불국사로 향했다. 불국사는 으리으리한 절이었는데 그 중에도 특히 ②다보탑이 멋있었다. 선생님께서는 ③다보탑 안에 있던 보물들을 일본이 훔쳐 갔다는 사실을 알려 주셨다. 남의 나라 보물을 멋대로 훔쳐 가다니! ④너무 화가 나고 안타까웠다.
　다음 목적지는 석굴암이었는데, 갑자기 셔틀버스가 고장 났다. 그래서 우리는 걸어갔다. ⑤진짜 힘들어 죽는 줄 알았다. 다시는 석굴암에 걸어서 가지 않을 것이다.
　⑥석굴암을 보고 우리는 숙소로 왔다. 힘들었던 여행 첫날이었지만 아까 선생님께서 사주신 황남빵을 먹었더니 힘이 솟았다! 다음 날은 또 어디로 가게 될까? 기대된다!

즐거운 문제 풀이 시간!

슬기로운 방학생활!
공부한 날   .   .

1. 수학여행을 간 대한이가 어디에서 출발해서, 어디를 돌아다니다가, 어디로 도착했는지 순서대로 써 보세요.

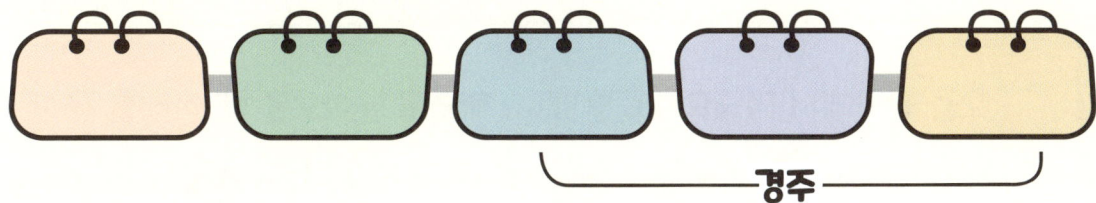

경주

2. 대한이가 하루 동안 무엇을 했는지 써 보세요.

Q. **A.**

버스 안에서 친구들이랑 한 것은?

휴게소에서 먹은 것은?

불국사 안에서 본 것은?

버스가 고장 나서 걸어간 곳은?

숙소에서 먹은 것은?

3. 대한이의 감상이 아닌 문장을 모두 골라 동그라미 치세요.

1   2   3   4   5   6

즐거운 문제 풀이 시간!

4. 아래의 기행문을 읽고 누구의 기행문인지 맞혀 보세요.

　　오늘 한국에서 미국으로 출발했다. 하늘로 날아오를 때 아래를 잠깐 내려다봤다. 산과 건물들이 점점 작아지고 있었다. 귀여웠다.

　　육지를 벗어나 바다 위를 날아가는 도중에 갑자기 폭풍우가 몰아쳤다. 몸이 이리저리 흔들렸다. 벌벌 떨렸다. 바다로 추락할까 봐 무서웠다. 사람들 모두 공포에 떨었다. 난 하늘을 올려다보며 신께 기도했다. 살려 달라고 소리 질렀다. 그와 동시에 우리는 위험천만했던 폭풍우 속에서 빠져나왔다. 공포에 떨던 우리를 위로하듯 저 멀리서 해가 비췄다. 너무 아름다웠다.

　　긴 비행 끝에 우리는 미국에 도착했다. 시간은 밤이었다. 아래로 내려다 보이는 야경이 너무 예뻤다. 우리는 곧 지상으로 내려갔고 공항에 내려앉자마자 헤어졌다. 사람들은 공항을 떠났고 나는 공항에 홀로 남았다. 외로웠다. 하지만 괜찮다. 어차피 사람들은 다시 나를 찾게 되어 있으니까. 그때까지 지친 날개를 잠시 쉬어야겠다. 내일은 어느 나라로 가게 될까? 기대된다.

기행문 저자:

 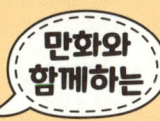

만화와 함께하는 초스피드 퀴즈!

서연이와 릴리의 이야기를 읽으며 빈칸에 알맞은 단어를 영어로 써보세요.

1

무거운 발걸음으로 집에 가던 길, 민초를 만난 서연이. 목걸이 덕분에 민초와도 ☐를 할 수가 있었어요.

말하다 ▶ ☐

2

서연이는 고양이에게는 고민을 털어놓아도 될 것 같다고 생각했어요. ☐을 지켜줄 테니까요!

비밀 ▶ ☐

3

민초에게 조언을 부탁하자, 선생님께 목걸이를 돌려드려야 한다고 했어요. 아래에서 왼쪽 빈칸에 알맞은 단어를 찾아 ○표 해보세요.

❶ concern   ❷ return
❸ problem   ❹ advice

4

하지만 서연이는 돌려드리고 싶지 않았어요. 목걸이 덕분에 친구들도 도와주고, 박수도 받고… 정말 ☐했거든요.

기쁘다 ▶ ☐

DAY-26 그래프

1. 대한이네 반 학생들이 좋아하는 스포츠를 조사하여 막대그래프로 나타내었습니다. 막대그래프를 보고 표를 완성하세요.

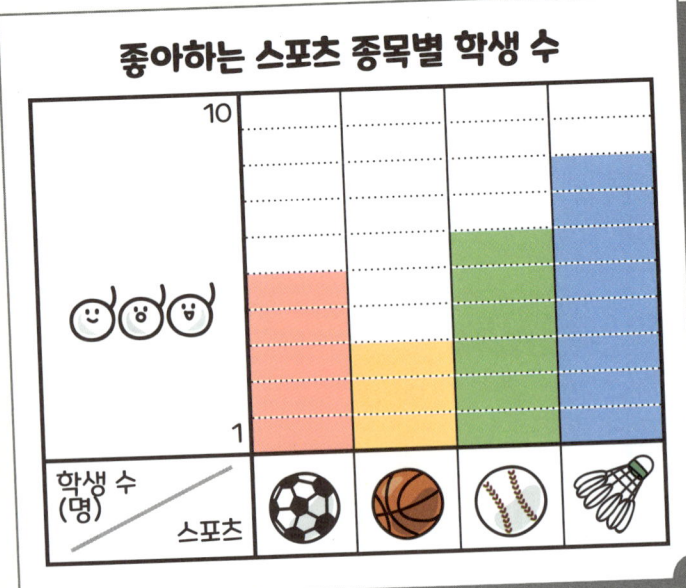

스포츠 종목	학생 수
축구	
농구	
야구	
배드민턴	
합계	

2. 대한이네 반 학생들이 좋아하는 과일을 조사하여 표로 나타내었습니다. 표를 보고 막대그래프를 완성하세요.

좋아하는 과일별 학생 수

과일	학생 수
사과	5명
바나나	7명
딸기	9명
포도	3명
합계	24명

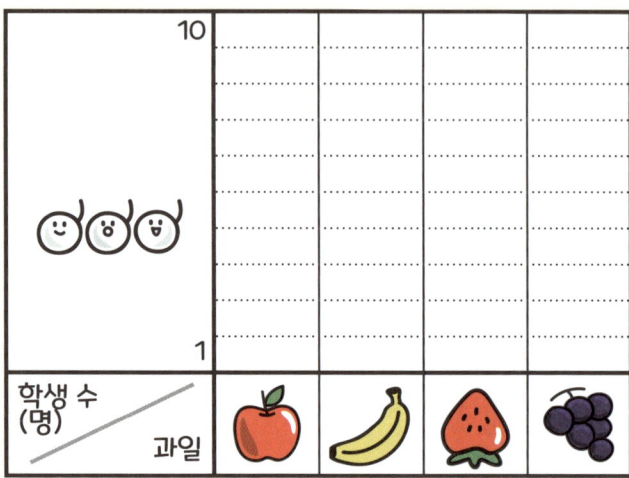

즐거운 문제 풀이 시간!

슬기로운 방학생활!

공부한 날   .   .

3. 대한이네 반 학생들은 스티커를 한 장씩 붙여 반장을 뽑았습니다.
이때 가장 많은 스티커를 받은 사람이 반장이 됩니다.
투표 결과를 표와 막대그래프로 정리하고 누가 반장이 되었는지 맞혀 보세요.

답 _____

즐거운 문제 풀이 시간!

4. 대한이가 사는 동네의 하루 동안의 기온 변화를 막대그래프와 꺾은선그래프로 나타내었습니다. 그래프를 잘 보고 물음에 답하세요.

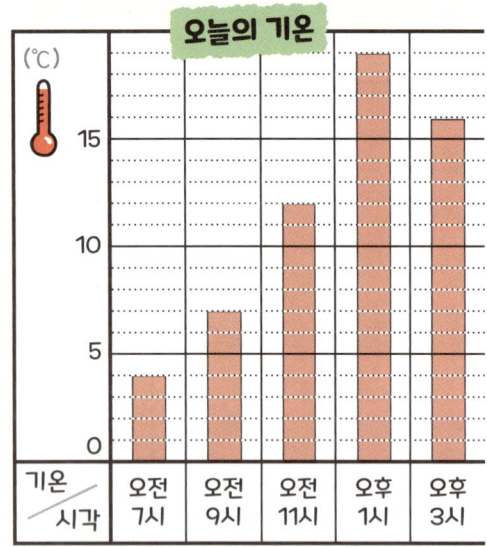
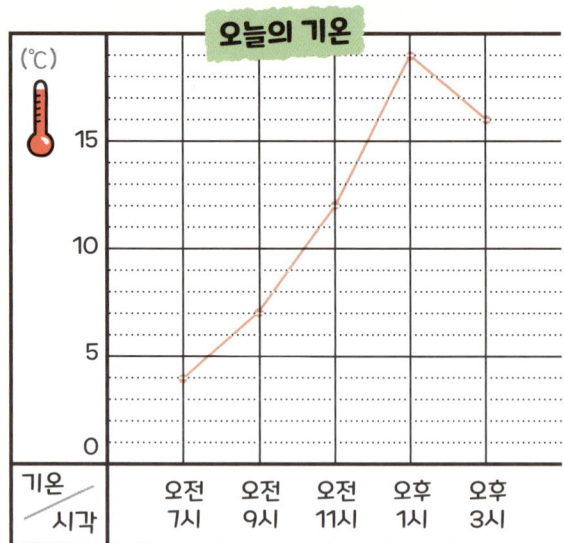

① 두 그래프 모두 가로는 _____, 세로는 _____을 나타냅니다.
② _____ 그래프는 막대로, _____ 그래프는 선분으로 표현합니다.
③ 기온의 변화를 한눈에 알아보기 쉬운 그래프는 _____ 그래프입니다.

5. 아래의 표는 한 문구점의 5일간의 지우개 판매량을 나타낸 것입니다. 이를 꺾은선그래프로 옮겨 보세요.

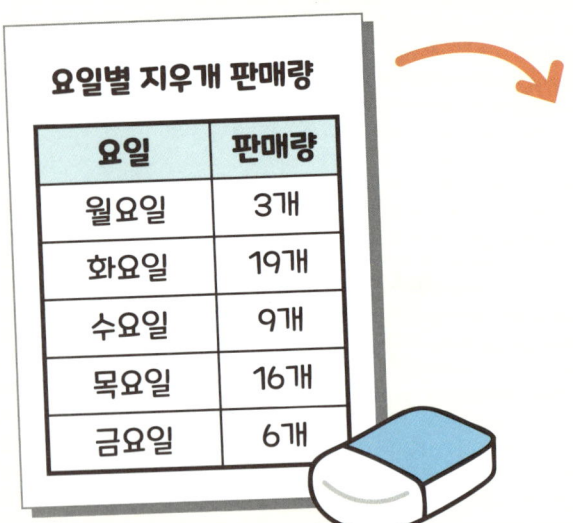
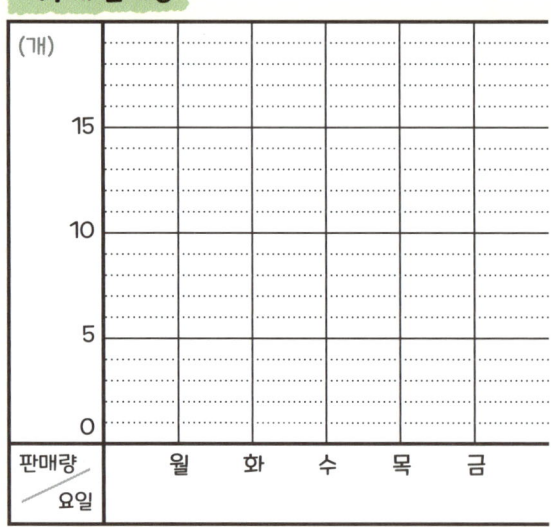

 # 퀴즈로 외우는 단어!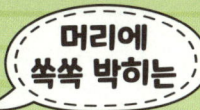
머리에 쏙쏙 박히는

1. face 페f이쓰
1. 그는 부끄러움에 face를 붉혔다.
2. 그는 놀라서 face가 하얗게 질렸다.

2. eye 아이
1. 그의 eye에서 눈물이 흘렀다.
2. Eye가 나빠서 안경을 꼭 써야 해요.

3. nose 노우즈
1. 추워서 nose가 빨개졌다.
2. Nose는 얼굴 가운데에 있죠.

4. mouth 마우뜨th
1. Mouth를 가리고 하품한다.
2. Mouth에 음식이 가득 든 채로 말하지 마라.

5. ear 이어r
1. 입이 ear에 걸릴 정도로 웃었다.
2. 토끼의 ear는 길고 쫑긋 서 있어요.

6. sleep 슬리이프
1. 침대 위에서 sleep하다.
2. 커피를 마시면 밤에 sleep하기가 어려워요.

7. stay 스테이
1. 그곳에서 하룻밤 stay했다.
2. 쫓기는 몸이라 한곳에 오래 stay할 수가 없다.

8. eat 이이트
1. 맛있게 잘 eat 하겠습니다!
2. 학교 끝나고 친구랑 떡볶이를 eat 하기로 했어요.

9. work 워어rㅋ
1. 오늘 work 끝나고 가겠습니다.
2. 버튼을 누르면 기계가 work합니다.

정답!

1  **face** 얼굴	2 눈썹 눈 **eye** 눈	3 **nose** 코
4 **mouth** 입	5 **ear** 귀	6 **sleep** 잠자다
7  **stay** 머물다	8 **eat** 먹다	9  **work** 일, 일하다 작동하다

 **DAY-27**

1. 아래에 있는 주제로 가족이나 친구와 함께 토의해서 여러분만의 십계명을 만들어 보세요.

Q. 대중교통을 이용할 때 지켜야 할 예절에는 어떤 것들이 있을까?

십계명
대중교통 예절

1.
2.
3.
4.
5.
6.
7.
8.
9.
10.

즐거운 문제 풀이 시간!

슬기로운 방학생활!
공부한 날   .   .

2. 이번엔 아래에 있는 주제로 토론해 볼까요? 선이는 여름이, 대한이는 겨울이 더 좋다고 합니다. 여러분은 누구의 의견에 동의하나요? 동의하는 주장에 나만의 이유를 써보세요.

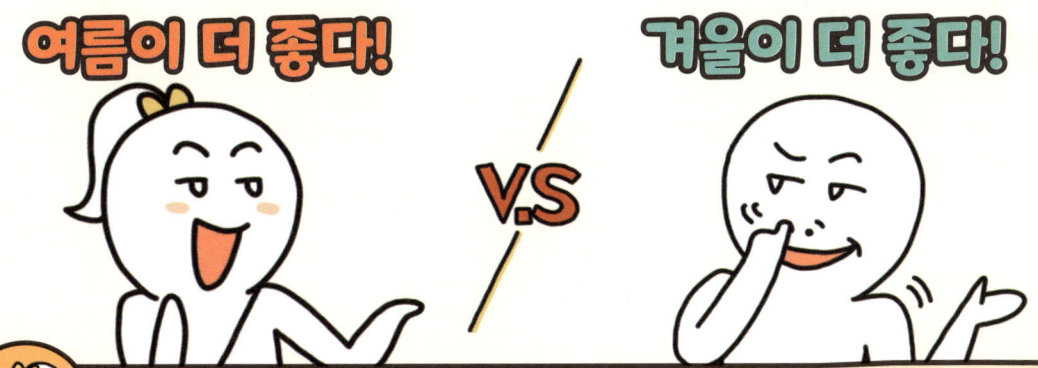

난 여름이 겨울보다 더 좋아! 왜냐하면...

1. 옷차림이 가벼워 뛰어놀기 좋아!
2. 수박! 땀을 많이 흘렸을 때 먹는 수박은 그야말로 꿀맛이지!
3. 해! 해가 늦게까지 떠 있어서 그만큼 밖에서 더 놀 수 있어!

무슨 소리! 난 그래도 겨울이 더 좋아. 왜냐하면...

1. 군고구마! 김치와 함께 먹으면 그야말로 천국의 맛이라고!
2. 썰매장! 하얀 눈 위로 썰매를 타고 내려가면 굉장히 재밌어!
3. 따듯한 유자차가 유난히 맛있어져!

즐거운 문제 풀이 시간!

3. 아래의 주제로 가족이나 친구들과 함께 토론해 보세요.
참고로 저는 8번을 얻고 싶어요. 왜냐하면 저는 똥싸개거든요!

Q. 만약에 초능력을 얻는다면? ※1개만 선택 가능

1. 투명하게 되는 능력
(숨을 참고 있는 동안)

2. 식물과 대화하는 능력
(낮에만)

3. 남의 생각을 읽는 능력
(눈을 마주쳐야 함)

4. 미래를 보는 능력
(10초 앞)

5. 과거로 가는 능력
(10초 전)

6. 순간 이동 능력
(범위 3m)

7. 하늘을 나는 능력
(5cm 정도)

8. 배 속의 똥을 없애는 능력
(하루에 한 번만)

9. 돈을 줍는 능력
(하루에 백 원)

앞서 배운 단어들을 떠올려 문장을 완성해 보세요.

~를 조심해라 / 너의 / 눈
Be careful of **your** **eyes.**

1. 너 코 조심해. → Be careful of your nose.
2. 너 입 조심해. →
3. 너 귀 조심해. →

나는 / 예정이다 / 잠자다
I am **going to** **sleep.**

4. 나는 먹을 거야. →
5. 나는 머물 거야. →
6. 나는 일할 거야. →

111

DAY-28 덧셈과 뺄셈 2

1-6. 계산이 맞도록 빈칸에 알맞은 숫자를 써넣어 보세요.

1.
```
   2 3 □
+  6 □ 9
─────────
   □ 1 6
```

2.
```
   4 □ 5
+  □ 8 □
─────────
   9 2 3
```

3.
```
   □ 1 □
+  6 □ 1
─────────
   8 0 0
```

4.
```
   9 2 3
-  □ □ □
─────────
   1 4 6
```

5.
```
   □ 1 □
-  6 □ 4
─────────
   1 2 8
```

6.
```
   7 □ 4
-  □ 4 □
─────────
   3 8 9
```

7-9. 물음에 알맞은 식과 답을 쓰세요.

7. 대한이는 990원을 가지고 있었습니다. 그중에서 수첩을 사는 데 670원을 썼습니다. 대한이에게 남은 돈은 얼마인가요?

식 _____   답 _____

8. 선이는 슈퍼에서 250원짜리 캔디 1개와 480원짜리 쿠키 1개를 사려고 합니다. 선이가 내야 할 금액은 모두 얼마인가요?

식 _____   답 _____

9. 운찬이는 360원을 가지고 있고, 라니는 운찬이보다 500원 더 가지고 있습니다. 라니가 가진 돈은 모두 얼마인가요?

식 _____   답 _____

즐거운 문제 풀이 시간!

슬기로운 방학생활!
공부한 날   .   .

10-11. 그림을 보고 빈칸에 알맞은 숫자를 써넣어 보세요.

10.

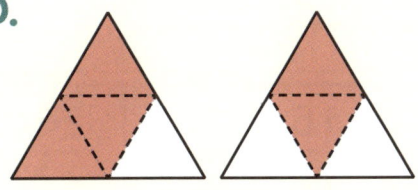
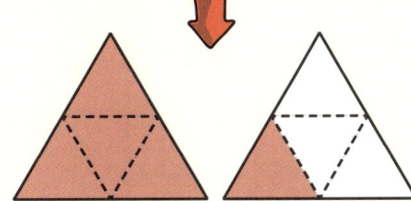

$$\frac{3}{4} + \frac{2}{4} = \frac{\square}{4} = \square\frac{\square}{4}$$

11.

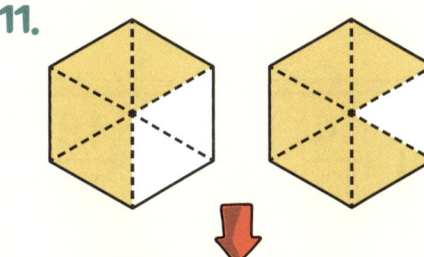
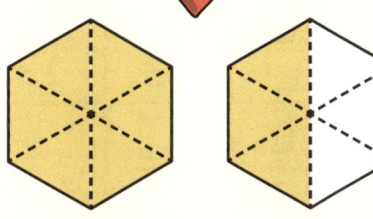

$$\frac{4}{6} + \frac{\square}{6} = \frac{9}{6} = \square\frac{\square}{6}$$

12-15. 계산해 보세요.

12. $\dfrac{8}{11} + \dfrac{2}{11} = \dfrac{\square}{11}$

13. $\dfrac{9}{13} - \dfrac{3}{13} = \dfrac{\square}{13}$

14. $\dfrac{6}{7} + \dfrac{5}{7} = \dfrac{\square}{7} = \square\dfrac{\square}{7}$

15. $\dfrac{7}{9} + \dfrac{6}{9} = \dfrac{\square}{9} = \square\dfrac{\square}{9}$

16. 대한이는 생수 2L 중에서 $\dfrac{1}{5}$을 마셨습니다. 남은 생수는 몇 L인가요?

식 _____   답 _____

즐거운 문제 풀이 시간!

17-18. 각 번호에 알맞은 수를 써넣어 보세요.

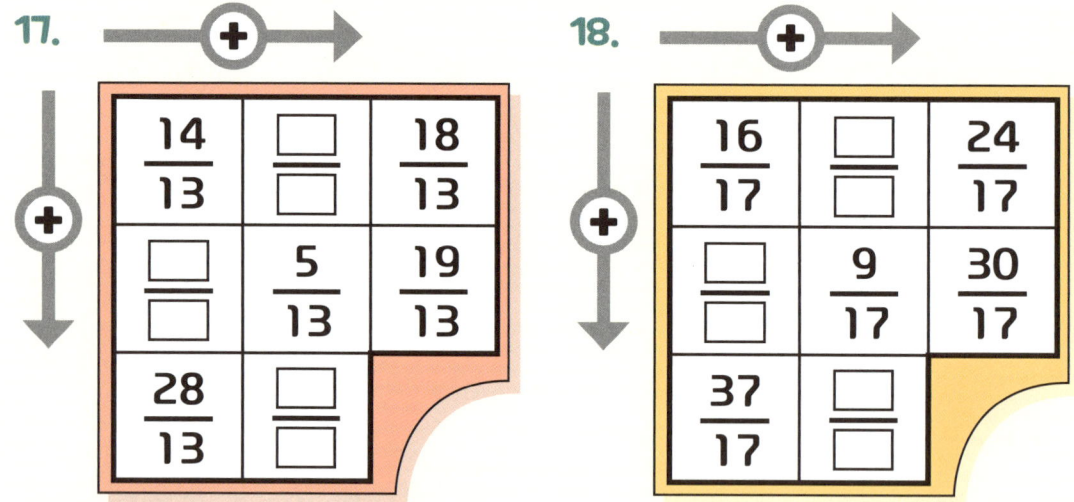

19-27. 계산해 보세요.

19.
```
   0.71
+  4.13
```

20.
```
   1.68
+  2.59
```

21.
```
   3.89
+  5.67
```

22.
```
   2.5
+  3.65
```

23.
```
   7.6
+  1.89
```

24.
```
   5.32
+  2.781
```

25.
```
   4.98
+  3.979
```

26.
```
   3.429
+  2.781
```

27.
```
   5.765
+  2.248
```

초스피드 퀴즈!

서연이와 릴리의 이야기를 읽으며 빈칸에 알맞은 단어를 영어로 써보세요.

1

집에 온 서연이는 어쩐지 외로운 기분이 들어 릴리에게 ☐를 걸어 보기로 했어요.

전화 ▶ ☐

2

전화는 바로 ☐됐어요! 그런데, 목걸이에서 빛이 나지 않았어요. 릴리가 하는 말을 알아들을 수가 없었죠.

연결하다 ▶ ☐

3

목걸이가 고장 난 것 같았어요. 서연이는 알아들을 수 없는 릴리의 말에 머리가 핑핑 돌아 황급히 전화를 끊고 말았어요. 아래에서 왼쪽 빈칸에 알맞은 단어를 찾아 O표 해보세요.

❶ lonely　　❷ grandfather
❸ my goodness　❹ little

4

목걸이를 ☐ 하지 못하니까, 릴리가 멀게 느껴졌어요. 그런데 그때, 목걸이가 모기가 낸 소리에 다시 빛을 냈어요! 고장이 아니라, 전화라서 그런 거였나 봐요!

사용하다 ▶ ☐

뒤 내용이 궁금하다면 서점에서 **만화 어린이 영어**를 찾아보세요.

DAY-29 육하원칙

육하원칙이란 정보를 전할 때 지켜야 하는 여섯 가지 원칙을 말합니다.

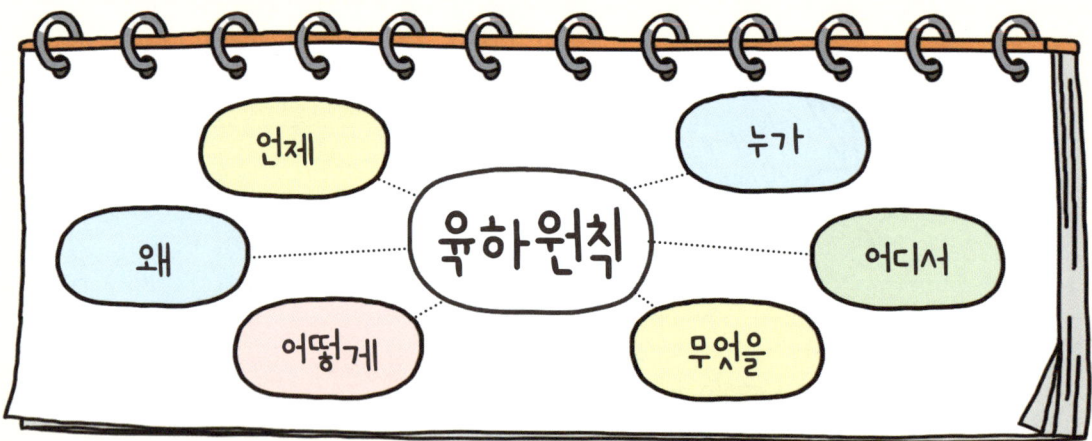

위와 같은 육하원칙을 왜 지켜야 하냐면 전하고자 하는 정보를 보다 명확하게 만들어 주기 때문이에요. 아래의 상황으로 예를 들어 볼까요?

대한이의 말을 듣고 두 사람은 정보를 서로 다르게 받아들였네요. 대한이가 정보를 전할 때 육하원칙을 제대로 지키지 않았기 때문입니다.

즐거운 문제 풀이 시간!

슬기로운 방학생활!

공부한 날   .   .

1. 대한이가 두 사람에게 다시 정보를 전달하려고 합니다. 그림을 보고 육하원칙을 모두 지킨 말로 바꿔 주세요.

즐거운 문제 풀이 시간!

2. 경찰서에 잡혀 온 범죄자가 누군지 맞혀 보세요.

 # 퀴즈로 외우는 단어!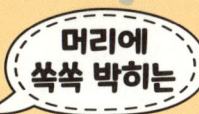
머리에 쏙쏙 박히는

1. drink 드링크
1 음식과 drink를 준비했어요.
2 물을 충분히 drink해야 한다.

2. water 워어터ʳ
1 Water 만난 물고기.
2 화분에 water를 뿌렸어요.

3. tea 티이
1 Tea와 커피 중에 무엇으로 드릴까요?
2 홍삼 tea를 충분히 우려내고 마시세요.

4. soda 쏘우다
1 톡 쏘는 맛이 좋아 soda를 마신다.
2 코카콜라는 내가 가장 좋아하는 soda이다.

5. milk 미일크
1 Milk에 시리얼을 말아 먹었어요.
2 우리는 젖소에게서 milk를 얻습니다.

6. breakfast 브뤠액퍼ʳ스트
1 Breakfast로 간단하게 시리얼을 먹었다.
2 늦게 일어나 breakfast를 걸렀더니 배가 고파.

7. lunch 을런취
1 오늘 lunch 급식으로 카레가 나왔어.
2 우리 회사 사람들은 lunch를 주로 구내식당에서 해요.

8. dinner 디너ʳ
1 점심을 너무 늦게 먹어서 dinner는 걸렀다.
2 야근 때문에 직원들이 다 함께 dinner를 먹었다.

9. dessert 디저어ʳ트
1 배가 불러서 dessert는 사양할게요.
2 요리를 먹은 후에 dessert를 즐겼다.

정답!

1  **drink** 음료수, 마시다	2 **water** 물	3 **tea** 차
4  **soda** 탄산음료	5 **milk** 우유	6  **breakfast** 아침 식사
7  **lunch** 점심 식사	8  **dinner** 저녁 식사	9  **dessert** 후식

DAY-30 여러 가지 계산

1-4. 식을 이용해서 도형의 둘레를 계산해 보세요.

1.
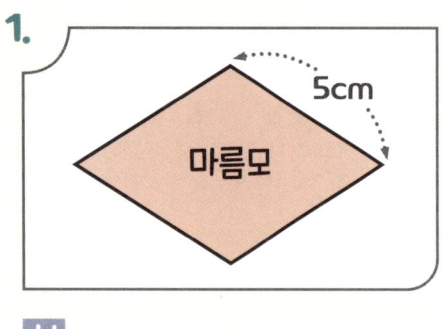
식 _____
답 ☐ cm

2.
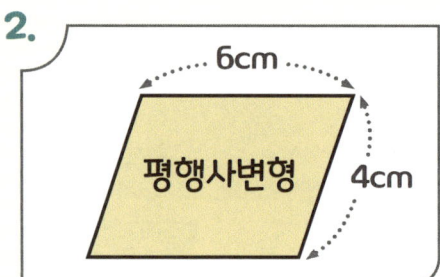
식 _____
답 ☐ cm

3.
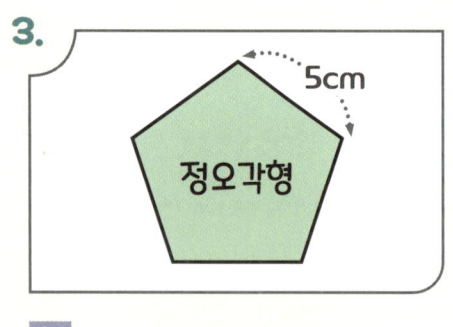
식 _____
답 ☐ cm

4.
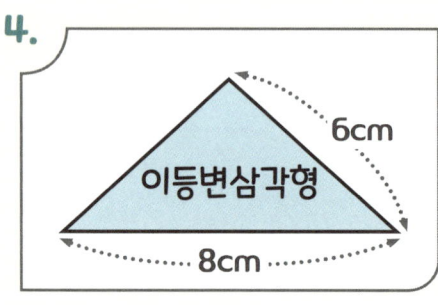
식 _____
답 ☐ cm

5. 다음 그림에서 정삼각형 ㄱㄴㄷ의 세 변의 길이와 이등변삼각형 ㄹㅁㅂ의 세 변의 길이의 합이 같습니다. 변 ㅁㅂ의 길이는 몇 cm입니까?

식 _____
답 ☐ cm

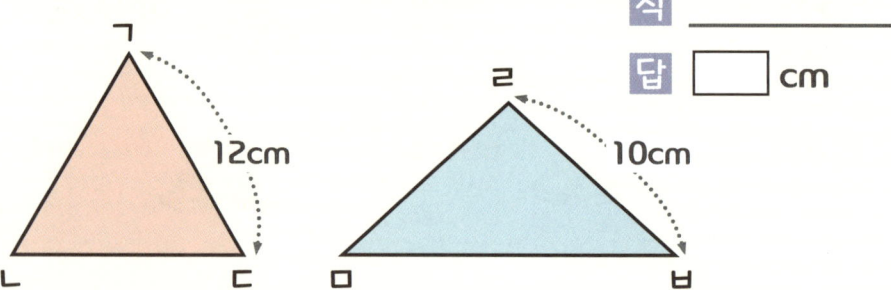

즐거운 문제 풀이 시간!

슬기로운 방학생활!
공부한 날   .   .

6. 대한이는 엄마에게 용돈을 1,000원 받았습니다.
그 돈으로 연필 세 자루를 사고 나니 거스름돈이 160원 남았습니다.
연필 한 자루의 가격은 얼마인가요?

식 _____

답 _____

7. 선이는 동전 지갑에 있던 돈으로 슈퍼마켓에서 하나에 150원에 파는 과자를 6개 샀습니다. 그랬더니 동전 지갑에는 80원이 남아 있었습니다.
원래 동전 지갑에 있었던 돈은 얼마인가요?

식 _____

답 _____

8. 롤러코스터 한 대에는 네 사람만 탑승할 수 있습니다.
3학년은 8반까지 있고 각 반에는 17명의 학생이 있다고 할 때,
3학년의 모든 학생이 한 번씩 롤러코스터에 타려면
롤러코스터 몇 대가 필요할까요?

식 _____

답 _____

9. 수 카드의 규칙을 찾아 빈 카드에 알맞은 수를 넣어 보세요.

나눗셈과 곱셈을 번갈아 사용해봐!

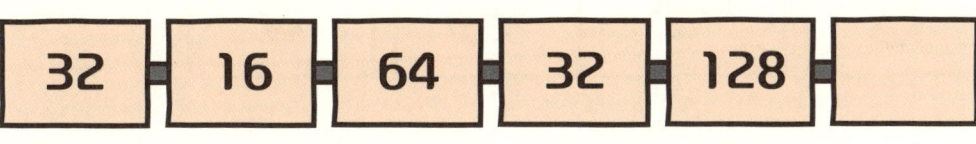

32 — 16 — 64 — 32 — 128 — ☐

즐거운 문제 풀이 시간!

10. 서점에서 집까지의 거리는 얼마입니까?

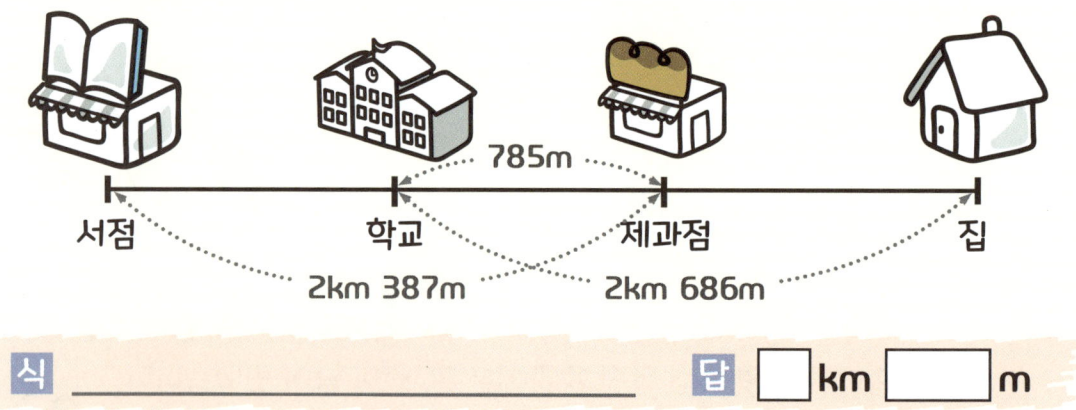

식 _____ 답 ☐ km ☐ m

11. 바나나 1개와 사과 1개를 합친 무게를 구해 보세요.

바나나 1개와 사과 1개를 합친 무게: _____ g

12. 4장의 숫자 카드를 모두 한 번씩만 사용해 소수 세 자릿수를 만들려고 합니다. 만들 수 있는 수 중 두 번째로 큰 수와 가장 작은 수의 차를 구하세요.

식 _____ 답 _____

문장으로 완성!

앞서 배운 단어들을 떠올려 문장을 완성해 보세요.

Give me (나에게 주어라) **a cup of** (한 잔의) **water.** (물)

1. 나 차 한 잔만 줘. → Give me a cup of tea.
2. 나 탄산 한 잔만 줘. →
3. 나 우유 한 잔만 줘. →

It's (그것은 ~이다) **time for** (~위한 시간) **breakfast.** (아침 식사)

4. 점심 먹을 시간이다. →
5. 저녁 먹을 시간이다. →
6. 후식 먹을 시간이다. →

 # 안전한 학교생활!  안전한 거리 두기!

오랜만에 만난 친구들이 아무리 반갑더라도 코로나19 감염 예방에 힘써야 해요. 바이러스로부터 나와 친구들을 지키는 방법을 배워볼까요?

언제나 기억해야 할 예방수칙!

흐르는 물에 비누로 꼼꼼하게 손 씻기

기침할 때 옷소매로 입과 코 가리기

씻지 않은 손으로 눈·코·입 만지지 않기

등교 전

- 등교 전 매일 자신의 건강 상태를 체크해요.
- 만약 열이 나거나 목이 아프고, 기침, 콧물이 나오면 바로 부모님께 말해요.
- 나가기 전 손을 깨끗이 씻고, 마스크를 꼭 착용해요.
- 친구들과 함께 등교하지 않아요.

등교 후

- 학교에서 체온 검사를 성실하게 받아요.
- 마스크는 식사할 때만 빼고 수업 중에도, 쉬는 시간에도 항상 써요.
- 손을 자주 씻어요.
- 창문을 자주 열어 환기해요.
- 내 책상은 내가 직접 수시로 닦아요.
- 개인 물품은 본인만 사용하는 게 좋아요.
- 신체접촉이나 장난 등은 자제해요.

DAY 1

5p

1. 행성
2. 행성의 크기는 전부 제각각입니다.
3. ④ 행성의 크기
4. ④ 지구, ⑤ 목성, ⑥ 수성

6p

5.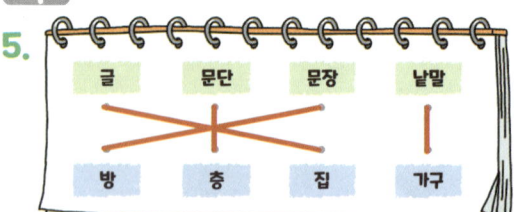

DAY 2

8p

1. 549
2. 860
3. 384
4. 847
5. 955
6. 800

7.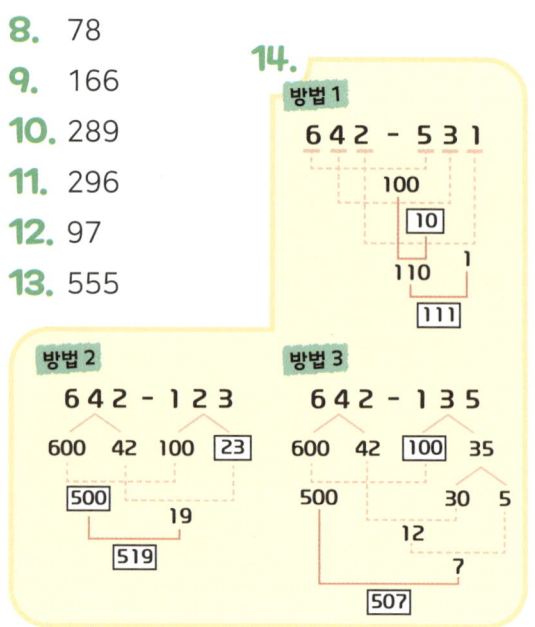

9p

8. 78
9. 166
10. 289
11. 296
12. 97
13. 555

14.

DAY 3

10p

15. 105 + [277] = 382
　　　+　　　+
　　[397] + [463] = 860
　　　=　　　=
　　　502　　740

16. 286 + [197] = 483
　　　+　　　+
　　[495] + [464] = 959
　　　=　　　=
　　　781　　661

17. 식 847−248=599
　　　답 599

카드 3장을 사용해서 만들 수 있는 가장 큰 수는 874,
두 번째 큰 수는 872, 세 번째 큰 수는 847입니다.
반면 카드 3장을 사용해서 만들 수 있는
가장 작은 수는 247, 두 번째로 작은 수는 248,
세 번째로 작은 수는 274입니다.
따라서 세 번째 큰 수인 847에서
두 번째로 작은 수인 248을 빼야 합니다.

18. 478　　**19.** 637
20. 588　　**21.** 215

11p

1. 애　**2.** 아　**3.** 어　**4.** 에
5. 이　**6.** Ø　**7.** 이　**8.** 아이
9. 어　**10.** 오우　**11.** 어　**12.** 유

12p

1. 분　　　**2.** 뵙다
3. 여쭙다　**4.** 성함
5. 연세　　**6.** 주무시다
7. 드리다　**8.** 생신

13p

9. 이거 어머니가 할머니께 드리래요!

10. 선생님께서 너 오라고 하셨어!

11. 주문하신 햄버거 나왔습니다.

14p

12.

1등 : 아버지, 어머니께서 진지 드시래요!

2등 : 아버지, 어머니께서 밥 드시래요!

3등 : 아버지, 어머니가 밥 먹으래요!

꼴등 : 아빠, 엄마가 밥 먹으래!

15p

1. ㅂ　**2.** ㅋ　**3.** ㅅ　**4.** ㄷ
5. ㅍf　**6.** ㄱ　**7.** ㅈ　**8.** ㅎ

DAY 4

16p

1.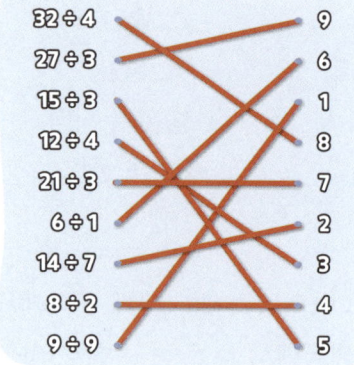

17p

2. ① 6 ② 2 ③ 3
3. ① 8 ② 4 ③ 4
4. 그랬더니 벽돌을 다 만드는 데 꼬박 **37**일이 걸리더군.
   식 362 ÷ 10 = 36 … 2

18p

5.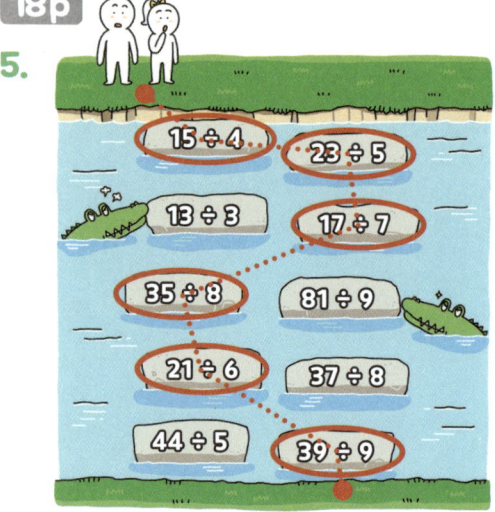

19p

1. ㅈ 2. ㅋ 3. ㄹ 4. ㅁ
5. ㄴ 6. ㅍ 7. jump 8. news
9. luck 10. man 11. Korea 12. pickle

DAY 5

20p

1. 윗니 2. 센티
3. 얻다 4. 소시지
5. 며칠 6. 초콜릿
7. 아지랑이 8. 캐러멜

9.
거시기, 괭이, 아따, 억수로, 기럭지, 아부지, 시방, 가생이, 몽땅, 참말로

21p

10. 잠자리

22p

11. 멍멍이 12. 귀엽다
13. 명곡 14. 눈물
15. 대머리 16. 관리

23p

1. ㅋ 2. ㄹ 3. ㅅ 4. ㅌ
5. ㅂ 6. 우 7. vacation 8. member
9. tiny 10. quiz 11. sad 12. wind

DAY 6

24p

1. 30
2. 22
3. 80
4. 62
5. 99
6. 90

7. 식 3×19+24=81
   답 81개

성냥팔이 소녀가 가지고 있던 성냥갑의 개수를 구하려면,
소녀가 이미 사람들에게 판매한 성냥갑의 개수와
남은 성냥갑의 개수를 더해주어야 합니다.
남은 성냥갑의 개수는 문제에 이미 주어져 있으니
소녀가 사람들에게 판 성냥갑 개수를 구하면 되겠죠?
⋯› 3(1명에게 판 성냥갑 개수)×19(성냥갑을 판 사람 수)

8. 식 800−190×4=40
   답 40원

연필 네 자루의 가격은 190에 4를 곱한 760원입니다.
따라서 800원을 냈다면 연필을 사는 데 쓴 760원을 뺀
40원을 거스름돈으로 받게 됩니다.

25p

9.

34 × 13 = 442	54 × 16 = 864
18 × 48 = 864	26 × 17 = 442
27 × 36 = 972	16 × 60 = 960
32 × 30 = 960	63 × 14 = 882
42 × 21 = 882	12 × 81 = 972

10. 식 (25+14)×14=546
    답 546

대한이와 운찬이는 합쳐서 매일 39쪽의 책을 읽습니다.
따라서 두 사람이 14일 동안 읽은 책의 쪽수를 구하려면
39에 14를 곱해주면 됩니다.

11. 16 — 32 — 64 — 128 — 256 — 512

앞 칸 숫자에 2를 곱한 값이 뒤 칸 숫자가 되는 규칙입니다.

26p

12. 294936555

13. 식 31×24=744
    답 744m

하루는 24시간이죠.
따라서 거북이가 하루 동안 이동한 거리를 구하려면
31에 24를 곱해 주어야 합니다.

14. 식 2×(60+30)=180
    답 180m

1분은 60초이니 1분 30초는 90초입니다.
⋯› 2(사자가 1초에 이동하는 거리)×90

27p

1. 익스
2. ㅈ
3. 이
4. 이
5. 아이
6. ㅈ
7. taxi
8. yogurt
9. cry
10. xylophone
11. zebra
12. baby

DAY 7

30p

3. 신호등

31p

여기서 잠깐 QUIZ. you (너, 너희)

DAY 8

32p

1. 선분
2. 직선
3. 반직선

4.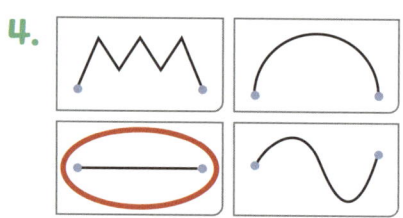

5. ① 같습니다 | 다릅니다
   ② 같습니다 | 다릅니다
   ③ 같습니다 | 다릅니다

33p

6. 4 cm   7. 3 cm

8.
- 한 점에서 그은 두 반직선으로 이루어진 도형을 각이라고 합니다.
- 점 ㄴ을 각의 꼭짓점이라고 합니다. 반직선 ㄴㄱ과 반직선 ㄴㄷ은 각의 변이라고 합니다.
- 각을 읽을 때는 꼭짓점이 가운데 오도록 읽습니다. 따라서 이 각을 각 ㄱㄴㄷ 또는 각 ㄷㄴㄱ이라고 읽습니다.

9. 나

DAY 9

34p

10. 0개   **11.** 2개

12. 1, 2, 3, 5, 7

13. 6

14.

정답은 다양할 수 있습니다. **각도기와 자**를 사용해 스스로 채점해 보세요!

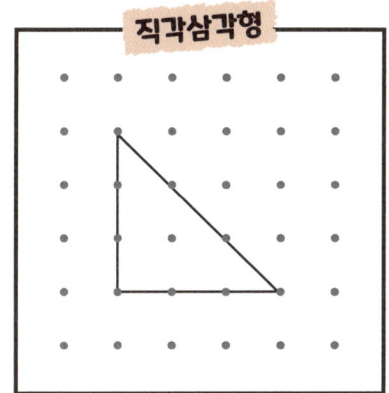

직각삼각형

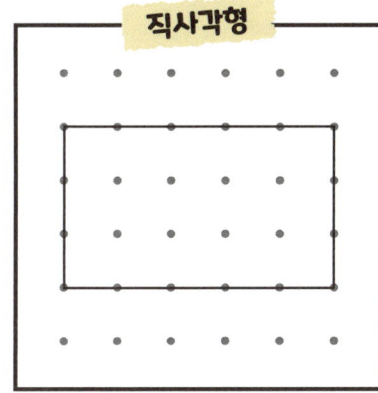

직사각형

35p

여기서 잠깐 QUIZ. grape (포도)

37p

1. ③ 플라스틱은 환경문제를 일으킨다.

2. 쓰레기 섬 or 플라스틱 섬, 바다생물

3. ④ 배달음식을 먹지 않는다.

4. ① 플라스틱, ② 환경문제,
② 환경문제, ① 플라스틱,
① 플라스틱

38p

10.
아름다움을 두 글자로 줄이면? / 미움
뎅뎅뎅뎅뎅을 두 글자로 줄이면? / 오뎅
바람과 바람을 두 글자로 줄이면? / 쌩쌩
아홉 명의 자식을 세 글자로 줄이면? / 아이구
용이 하늘로 올라간다를
네 글자로 줄이면? / 올라가용
코끼리 두 마리가 싸우다 코가 빠졌다를
네 글자로 줄이면? / 끼리끼리

39p

여기서 잠깐 QUIZ. second (두 번째)

DAY 10

40p

1. 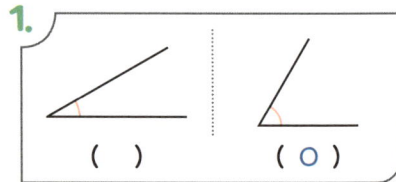 ( ) (O)

2. 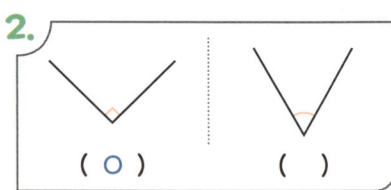 (O) ( )

3. 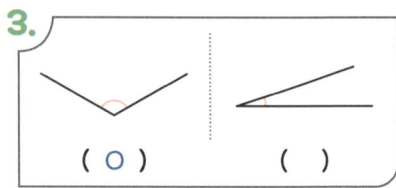 (O) ( )

4. 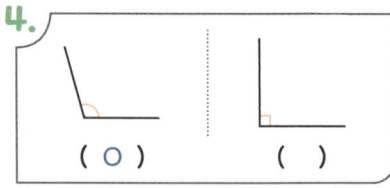 (O) ( )

5. 오각형

6. 60°   7. 120°

> 6번과 7번 모두 안쪽 눈금을 보고 각도를 읽어야 하는 경우입니다. 그런데 각도기의 바깥쪽 눈금을 통해 각도를 측정하는 방법도 있습니다. **180°에서 눈금이 가리키는 값을 빼 주는 방법**이죠.

41p

8. ❶ X   ❷ X   ❸ O

9.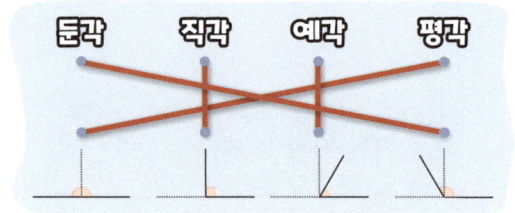

10.

42p

11. 오각형은 3개의 삼각형으로 나누어지고 오각형의 다섯 각의 크기의 합은 540°입니다.

12. 육각형은 4개의 삼각형으로 나누어지고 육각형의 여섯 각의 크기의 합은 720°입니다.

13. 칠각형은 5개의 삼각형으로 나누어지고 칠각형의 일곱 각의 크기의 합은 900°입니다.

DAY 11

43p

1. ③ come in
2. Korean
3. English
4. clap

44p

1.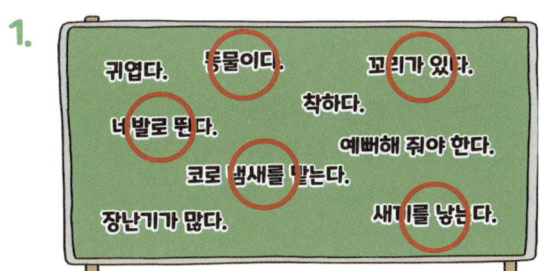

46p

3.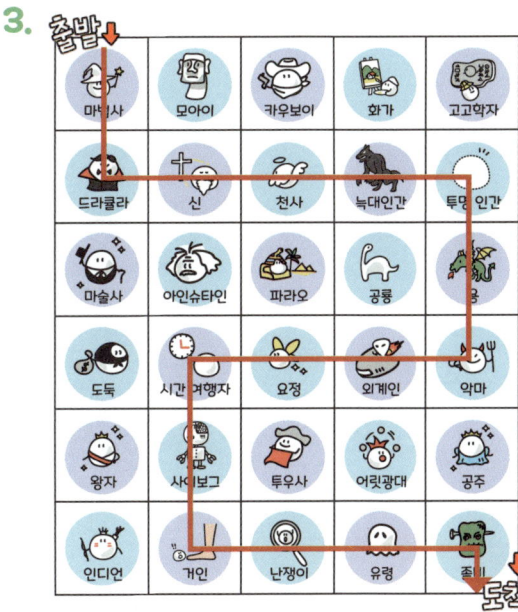

DAY 12

48p

> 1번부터 6번까지 정답은 다양할 수 있습니다. **각도기와 자**를 사용해 스스로 채점해 보세요!

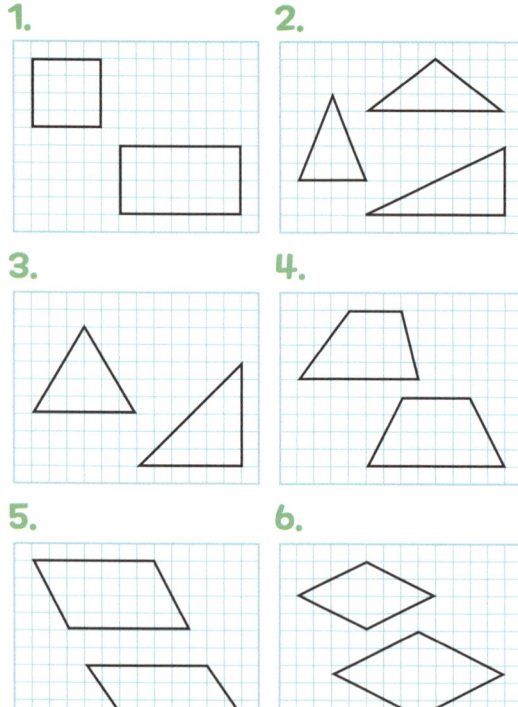

49p

7. 정사각형

8.

왼쪽에 주어진 도형은 정사각형입니다. 정사각형은 네 각이 모두 직각이면서 네 변의 길이가 모두 같습니다. 직사각형은 네 각이 모두 직각인 사각형이므로 모든 정사각형은 직사각형입니다. 또 마름모는 네 변의 길이가 모두 같은 사각형입니다. 따라서 모든 정사각형은 마름모입니다.

9. 15cm   **10.** 16cm   **11.** 22cm

50p

12. 식 (4+4+7)×2=30
   답 30cm

이 직사각형은 4cm인 변과 4cm에 7cm를 더한 변을 두 개씩 가지고 있습니다.

13. 1, 2
14. 1, 3
15. 1, 2

51p

1. Today is cloudy.   **2.** Today is hot.
3. Today is cold.   **4.** I have a daughter.
5. I have a brother.   **6.** I have a sister.

DAY 13

52p

1. 인물, 배경, 사건
2. **등장인물**: 대한, 운찬, 라니

   배경: 산, 저녁

   사건: 등산하다가 길을 잃었다. 라니가 발목을 삐었다.

53p

3. **등장인물**: 대한, 운찬, 재원, 연희

   배경: 학교, 쉬는 시간

   사건: 누군가 대한이의 우유를 훔쳐 먹었다.

55p

1. go
2. school
3. ② teacher
4. close

DAY 14

56p

1.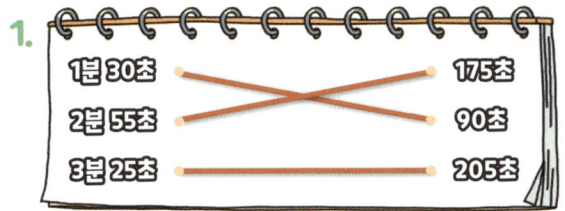
   - 1분 30초 — 90초
   - 2분 55초 — 175초
   - 3분 25초 — 205초

2. 12시 00분 5초
3. 7시 35분 15초
4. 5시 50분 10초
5. B, C, E, D, A

57p

6.
   ```
     12시 38분 05초
   -  9시 00분 00초
   답  3시간 38분  5초
   ```

7.
   ```
     8시 00분 00초
   + 4시간 33분 22초
   답 12시 33분 22초
   ```

58p

8.
   - 버스가 출발한 시각: 8시 59분 45초
   - 동물원에 도착한 시각: 10시 30분 00초
   - 식당가에 도착한 시각: 1시 15분 15초
   - 서커스가 열리는 시각: 2시 00분 00초

DAY 15

61p

1. ① 외모지상주의
2.
2019 : 아동복 시장에서 판매율 1위 달성
2020 : 세계 아동복 시장을 좌지우지하는 기업으로 성장
3. 내 키는 장애물이 아니야. 오히려 디딤돌이라고! / 자신의 단점을 장점으로 바라보는 것. 그게 제 성공의 비결입니다.

63p

1. Wake me up in the afternoon.
2. Wake me up in the night.
3. Wake me up in the midnight.
4. I want to run.
5. I want to fly.
6. I want to swim.

DAY 16

64p

1.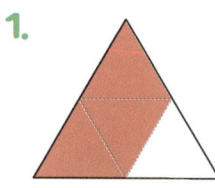
2.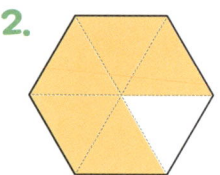
3.
4.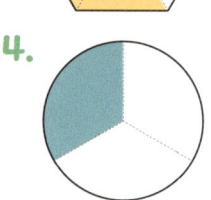

1번부터 4번까지 정답은 다양할 수 있습니다. **칠해진 칸수**만 동일하다면 정답입니다!

5. $\dfrac{3}{6}$ 6. $\dfrac{1}{6}$ 7. $\dfrac{5}{7}$

65p

8. $\dfrac{1}{5}$

9.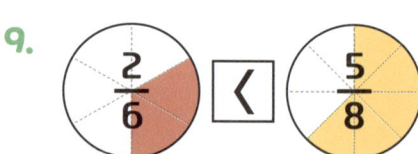

10.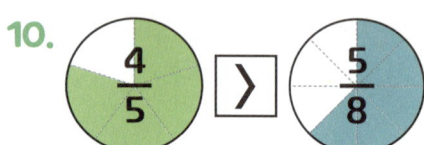

11.

12.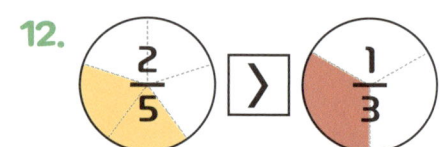

DAY 17

13.

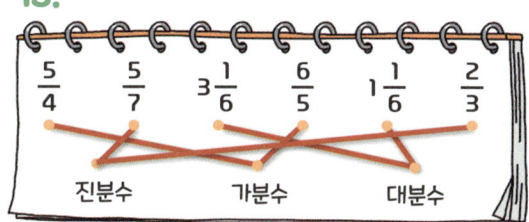

66p

14. 〈   15. 〉   16. 〉
17. =   18. 〈   19. 〈

20. 4묶음

21. $\dfrac{1}{4}$

22. 3개
23. 12개

67p

1. friend
2. ③ necklace
3. light
4. read

68p

1. 훈민정음
2. ① 글을 읽지 못하는 백성들을 위해
   ② 우리나라 고유 문자의 필요성을 느껴서
3. 하늘, 사람, 땅

69p

4. 바람   5. 열쇠   6. 고릴라
7. 선생님   8. 헬리콥터   9. 계란말이

70p

10.

DAY 18

72p

1. 0.2
2. 0.4
3. 0.3
4. 0.45

5.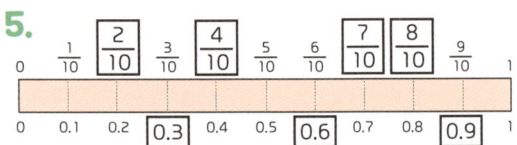

6.
$\frac{3}{10}$ = 0.[3] $\frac{7}{10}$ = 0.[7] $\frac{9}{10}$ = 0.[9]

$\frac{35}{100}$ = 0.[35] $\frac{47}{100}$ = 0.[47] $\frac{83}{100}$ = 0.[83]

73p

7.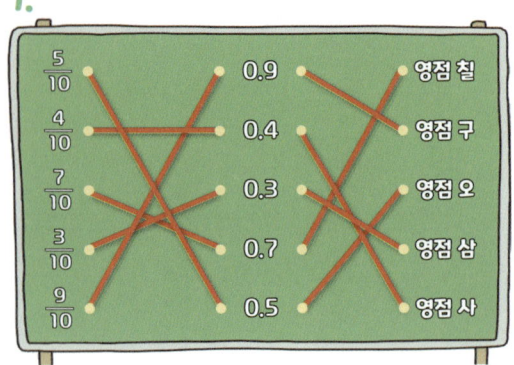

8. 영점 이오
9. 삼점 오일팔
10. ① 0.34   ② 584   ③ 2.39

74p

11. 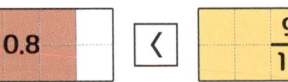 0.8 < $\frac{9}{10}$

12. $\frac{1}{5}$ < 0.3

13. 0.3 < $\frac{1}{2}$

14. $\frac{3}{5}$ > 0.5

15. 0.2 + [0.5] = [0.7]
16. 0.3 + [0.4] = [0.7]

75p

1. She is stupid.
2. She is kind.
3. She is rude.
4. It's too short.
5. It's too close.
6. It's too far.

DAY 19

77p

1. 성냥팔이 소녀는 추운 겨울에 맨발로 거리를 떠돌다가 쓸쓸하게 죽었다.
2. ③ 무관심
3. ① 성냥, ② 맨발, ③ 겨울, ④ 배고픔
4.
5. 5번 문제 정답은 다양할 수 있습니다. 다음은 예시일뿐입니다

   성냥을 사준다. / 신발을 신겨 준다. 밥을 먹여준다. / 따뜻하게 안아준다.

79p

1. help
2. ① bully
3. lose
4. win

DAY 20

80p

1. 쓰기 9mm   읽기 구 밀리미터
2. 쓰기 2cm   읽기 이 센티미터
3. 3칸   4cm 3mm = 43mm
4. 5칸   3cm 5mm = 35mm

81p

5. 1 cm = 10 mm
6. 1 m = 100 cm
7. 1 km = 1,000 m
8. 34mm | **3cm**
9. 5cm 1mm | **52mm**
10. **420mm** | 45cm
11. **6cm 5mm** | 5cm 9mm
12. 32mm | **3m 2cm**
13. 999mm | **1m**

82p

14. 선: 99cm
    대한: 108cm
    연희: 109cm
    재원: 115cm
    라니: 110cm
    운찬: 110cm

DAY 21

84p

1. ① 마주 보고 상대방의 얘기를 잘 듣는다.
2. ② 그러게, 날씨도 좋은데 어디 놀러 갈래?
3. ③ 걱정스러운 표정

85p

4.

86p

5. 난 너를 좋아해. / 난 네가 좋아.
6. 난 너를 안 좋아해. / 난 네가 싫어.

87p

1. I can close it.   2. I can see it.
3. I can hear it.   4. It's not wrong.
5. It's not dangerous.   6. It's not safe.

DAY 22

88p

1. B 병원

2.
	300	m
+	900	m
답 1 km	200	m

3.
3	km	400	m
+ 2	km	900	m
답 6	km	300	m

89p

4. ① (mm) | cm | m | km
   ② mm | cm | (m) | km
   ③ mm | cm | m | (km)

지역 간 거리 같은 먼 거리를 표시할 때는 km를 사용합니다. 만약 300km를 m로 표시하려면 300,000m로 표시해야 하는데 이러면 보기에도 쓰기에도 너무 불편하겠죠?

5. 식 900m+1km 900m+2km 300m
   = 5km 100m
   답 5km 100m

6. 식 2km 700m+2km 900m−950m
   = 4km 650m
   답 4km 650m

호텔에서 탑까지의 거리와
선사유적지에서 절까지의 거리를 더하면
선사유적지와 탑 사이의 거리가 두 번 포함이 됩니다.
따라서 선사유적지와 탑 사이의 거리를 한 번 빼주면
호텔에서 절까지의 거리를 구할 수 있습니다.

DAY 23

90p

7.

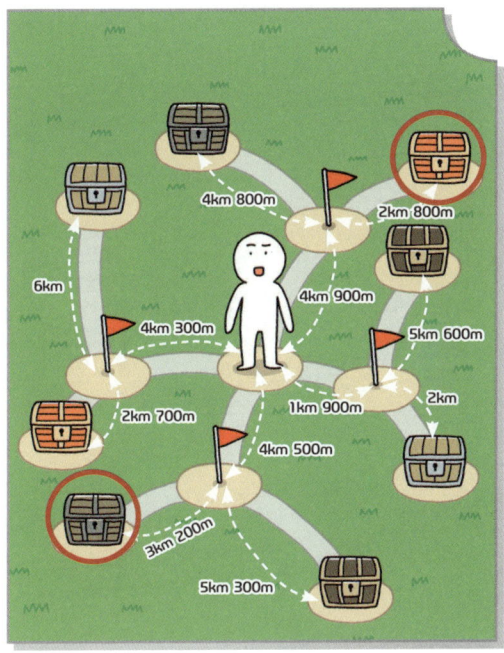

91p

1. close
2. ③ drop
3. run away
4. know

93p

1.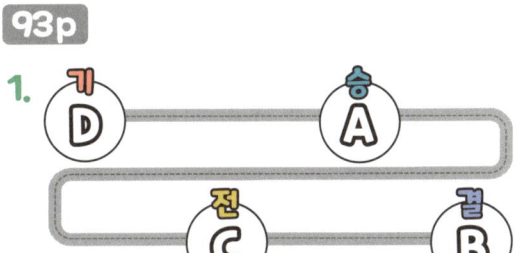

DAY 24

96p

1. ① mL ⓛ g kg
   ② ⓜL L g kg
   ③ mL L ⓖ kg
   ④ mL L g ⓚg

2. 1 L = 1,000 mL
3. 1 kg = 1,000 g
4. 1 kg
5. 400 g

97p

6. 1.2 L = 1,200 mL
7. 1500 mL = 1 L 500 mL = 1.5 L
8. 2.5 kg = 2,500 g
9. 8400 g = 8 kg 400 g = 8.4 kg
10. 식 200 mL + 300 mL + 700 mL + 900 mL = 2100 mL
    답 2100 mL

98p

11. 식 200 mL × 8 = 1600 mL = 1 L 600 mL
    답 1 L 600 mL
12. 운찬
13. 재원, 라니

99p

1. Do you like dancing?
2. Do you like movie?
3. Do you like reading?
4. Let's go see the sea.
5. Let's go see the mountain.
6. Let's go see the forest.

DAY 25

101p

1. 학교 · 휴게소 · 불국사 · 석굴암 · 숙소

2.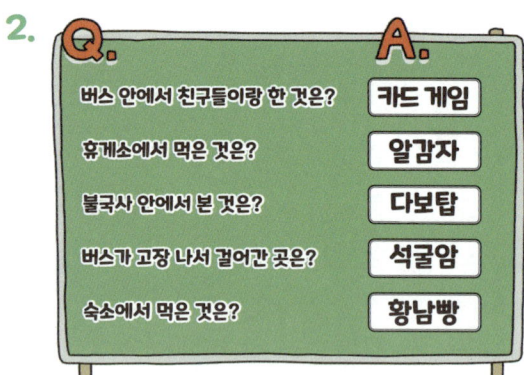

3. 1 , 3 , 6

102p

4. 비행기

103p

1. talk
2. secret
3. ② return
4. happy

DAY 26

104p

1.

스포츠 종목	학생 수
축구	5명
농구	3명
야구	6명
배드민턴	8명
합계	22명

2.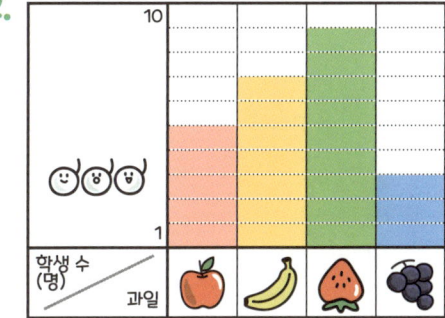

105p

3. 답 재원

반장 후보	학생 수
라니	5명
연희	6명
운찬	3명
재원	7명
합계	21명

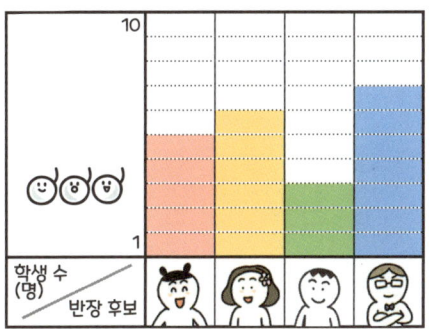

106p

4. ① 두 그래프 모두 가로는 <u>시각</u>, 세로는 <u>기온</u> 을 나타냅니다.
② <u>막대</u> 그래프는 막대로, <u>꺾은선</u> 그래프는 선분으로 표현합니다.
③ 기온의 변화를 한눈에 알아보기 쉬운 그래프는 <u>꺾은선</u> 그래프입니다.

5.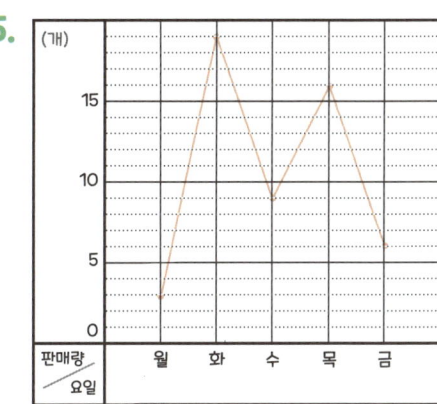

DAY 27

108p

> 1-2번 문제 정답은 다양할 수 있습니다.
> 다음은 예시일뿐입니다

1. 큰 소리로 떠들지 않기 / 뛰지 않기
승객이 내린 뒤 승차하기 / 교통약자에게 자리 양보하기 / 음식 먹지 않기 / 가방 앞으로 메기 / 앉아 있을 때 다리 벌리지 않기 / 신발로 의자 밟지 않기 / 앞사람 의자를 발로 차지 않기 / 핸드폰 진동으로 해 놓기 / 앞문으로 승차하고 뒷문으로 하차하기 / 무리하게 승차하지 않기 / 손잡이에 매달리지 않기

109p

2.

여름이 더 좋다!
바다에 놀러 가 수영할 수 있다. / 아이스크림을 맘껏 먹을 수 있다. / 공포 영화가 많이 개봉된다. / 다양한 곤충을 만날 수 있다.

겨울이 더 좋다!
친구들과 눈싸움을 할 수 있다. / 장판 속에서 귤을 먹을 수 있다. / 어그부츠를 신을 수 있다. / 12월에 크리스마스가 있다.

111p

1. Be careful of your nose.
2. Be careful of your mouth.
3. Be careful of your ears.
4. I am going to eat.
5. I am going to stay.
6. I am going to work.

DAY 28

112p

1.
$$\begin{array}{r}2\,3\,\boxed{7}\\+\ 6\,\boxed{7}\,9\\\hline 9\,1\,6\end{array}$$

2.
$$\begin{array}{r}4\,3\,5\\+\ \boxed{4}\,\boxed{8}\,\boxed{8}\\\hline 9\,2\,3\end{array}$$

3.
$$\begin{array}{r}1\,1\,\boxed{9}\\+\ 6\,\boxed{8}\,1\\\hline 8\,0\,0\end{array}$$

4.
$$\begin{array}{r}9\,2\,3\\-\ 7\,7\,7\\\hline 1\,4\,6\end{array}$$

5.
$$\begin{array}{r}8\,1\,2\\-\ 6\,\boxed{8}\,4\\\hline 1\,2\,8\end{array}$$

6.
$$\begin{array}{r}7\,3\,4\\-\ 3\,\boxed{4}\,\boxed{5}\\\hline 3\,8\,9\end{array}$$

7. 식 990-670=320
   답 320원

8. 식 250+480=730
   답 730원

9. 식 360+500=860
   답 860원

113p

10. $\dfrac{3}{4} + \dfrac{2}{4} = \dfrac{5}{4} = \boxed{1}\dfrac{1}{4}$

11. $\dfrac{4}{6} + \dfrac{5}{6} = \dfrac{9}{6} = \boxed{1}\dfrac{3}{6}$

DAY 29

12. $\dfrac{8}{11} + \dfrac{2}{11} = \dfrac{\boxed{10}}{11}$

13. $\dfrac{9}{13} - \dfrac{3}{13} = \dfrac{\boxed{6}}{13}$

14. $\dfrac{6}{7} + \dfrac{5}{7} = \dfrac{\boxed{11}}{7} = \boxed{1}\dfrac{\boxed{4}}{7}$

15. $\dfrac{7}{9} + \dfrac{6}{9} = \dfrac{\boxed{13}}{9} = \boxed{1}\dfrac{\boxed{4}}{9}$

16. 식 $2 - (2 \times \dfrac{1}{5}) = 1.6 L$

답 1.6 L

114p

17.

$\dfrac{14}{13}$	$\dfrac{4}{13}$	$\dfrac{18}{13}$
$\dfrac{14}{13}$	$\dfrac{5}{13}$	$\dfrac{19}{13}$
$\dfrac{28}{13}$	$\dfrac{9}{13}$	

18.

$\dfrac{16}{17}$	$\dfrac{8}{17}$	$\dfrac{24}{17}$
$\dfrac{21}{17}$	$\dfrac{9}{17}$	$\dfrac{30}{17}$
$\dfrac{37}{17}$	$\dfrac{17}{17}$	

19. 4.84 **20.** 4.27 **21.** 9.56
22. 6.15 **23.** 9.49 **24.** 8.101
25. 8.959 **26.** 6.21 **27.** 8.013

115p

1. call **2.** connect
3. ③ my goodness **4.** use

117p

답안의 내용이 전부 들어갔다면 육하원칙의 순서와 상관 없이 정답입니다.

1. 외계인이 낮에 우리 집에 UFO를 타고 나타났어! 나를 납치하려고!

118p

2. 드라큘라 / 흡혈귀

DAY 30

120p

1. 식 5×4=20
답 20cm

마름모는 모든 변의 길이가 같습니다.

2. 식 (6+4)×2=20
답 20cm

평행사변형은 마주보는 변의 길이가 같습니다.

3. 식 5×5=25
답 25cm

정오각형은 모든 변의 길이가 같습니다.

4. 식 8+6×2=20
답 20cm

이등변삼각형은 같은 길이의 두 변을 가지고 있습니다.

5. 식 12×3−10×2=16
답 16cm

정삼각형 ㄱㄴㄷ의 세 변의 길이의 합은 36cm이므로 이등변삼각형 ㄹㅁㅂ의 세 변의 길이의 합도 36cm입니다. 따라서 서로 길이가 같은 변 ㄹㅁ은 변 ㄹㅂ의 길이를 세 변의 길이의 합에서 빼면 변 ㅁㅂ의 길이를 구할 수 있습니다.

121p

6. 식 (1000−160)÷3=280
답 280원

7. 식 150×6+80=980
답 980원

8. 식 8×17÷4=34
답 34대

9.

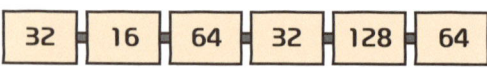

수를 2로 나눴다가 4를 곱하는 규칙입니다.

122p

10. 식 2km 387m+2km 686m−785m
= 4km 288m
답 4km 288m

서점에서 제과점의 거리와 학교에서 집까지의 거리를 더하면 학교와 제과점 사이의 거리가 두 번 포함이 됩니다. 따라서 학교와 제과점 사이의 거리를 한 번 빼주면 서점에서 집까지의 거리를 구할 수 있습니다.

11. 식 3000÷5+2000÷4
= 1100
답 1100g

kg을 g으로 변환해서 문제를 풀어 보세요.

12. 식 9.614−1.469=8.145
답 8.145

카드 4장을 사용해서 만들 수 있는 소수 세 자릿수 중 가장 큰 수는 9.641, 두 번째 큰 수는 9.614입니다. 반면 만들 수 있는 세 자릿수 중 가장 작은 수는 1.469입니다.

123p

1. Give me a cup of tea.
2. Give me a cup of soda.
3. Give me a cup of milk.
4. It's time for lunch.
5. It's time for dinner.
6. It's time for dessert.

슬기로운 방학생활 3·4학년

1판 1쇄 2020년 12월 15일

저 자 Mr. Sun 어학연구소
펴 낸 곳 OLD STAIRS
출판 등록 2008년 1월 10일 제313-2010-284호
이 메 일 oldstairs@daum.net

가격은 뒷면 표지 참조
ISBN 979-11-91156-07-2

이 책의 전부 또는 일부를 재사용하려면 반드시 OLD STAIRS의 동의를 받아야 합니다.
잘못 만들어진 책은 구매하신 서점에서 교환하여 드립니다.

공통안전기준 표시사항

- **품명** : 도서
- **재질** : 지류
- **제조자명** : Oldstairs
- **제조국명** : 대한민국
- **제조연월** : 2020년 12월
- **주소** : 서울특별시 마포구 잔다리로3안길 48, 6층
- **KC인증유형** : 공급자적합성확인

KC마크는 이 제품이 공통안전기준에 적합하였음을 의미합니다.
책 모서리에 찍히거나 책장에 베이지 않게 조심하세요.